KB197005

개정판

문형으로 익히는

일본어 작문

이용미 저

제이앤씨
Publishing Company

　일본어를 배우는 데 있어 작문은 외국어 실력을 가늠하는 중요한 지표입니다. 왜냐하면 작문은 단어와 문법을 암기하는 것을 넘어, 이를 실제로 활용해 의미 있는 문장을 구성하는 과정이기 때문입니다. 작문은 단순히 문법만으로 완성되지 않습니다. 어휘력, 문법 이해, 숙어 표현, 뉘앙스 차이 등, 다양한 분야의 실력을 골고루 요구하는 종합적인 활동이기 때문에 학습자에게는 더 큰 도전으로 다가올 수 있습니다.

　이 교재는 초보 학습자가 이러한 작문의 어려움을 극복하고 작문을 통해 중급 문법까지 자연스럽게 이해하고 활용할 수 있도록 체계적으로 구성되었습니다. 교재의 구성과 특징은 다음과 같습니다.

1. 문법과 문형의 체계적 구성

　각 단원의 처음에는 학습에 꼭 필요한 문법과 문형을 정리해두었습니다. 학습자는 이를 바탕으로 다양한 예문을 통해 문법과 문형을 자연스럽게 익힐 수 있습니다.

2. 단어 부담을 줄인 작문 훈련

　작문 연습하기 단계에서는 학습한 문법과 문형을 활용해 한국어 문장을 일본어로 바꿔 보며 실전 감각을 키울 수 있습니다. 이때 기본 단어와 표현도 제공되어 단어 선택의 부담을 덜고 작문에만 집중할 수 있도록 도와줍니다.

3. 표현 및 뉘앙스 사례 설명

　'잠깐 공부하기' 코너에서는 애매한 표현의 사용법이나 단어의 뉘앙스 차이, 관용 표현 등을 알기 쉽게 설명합니다. 자주 하는 실수 사례도 함께 다루어 정확하고 자연스러운 일본어 표현을 익힐 수 있도록 구성했습니다.

　본 교재는 일본어 초보 학습자가 문법의 기초를 탄탄히 다지며, 작문 연습을 통해 일본어 실력을 확장할 수 있는 길잡이가 되어줄 것입니다. 일본어를 배우는 과정에서 성취감을 느끼며 한 걸음씩 성장하는 기쁨을 함께 나눌 수 있기를 바랍니다.

　교재가 세상의 빛을 볼 수 있도록 많은 도움을 주신 제이앤씨 출판사 여러분께 감사의 인사를 전합니다.

저자 이용미

|목 차|

문형으로 익히는 일본어 작문

1-1

私は 学生だ。

○ 명사＋だ
○ 소유의「の」

1. ≫ 명사＋だ

○ 私は 学生だ。

○ あなたは 先生だ。

○ 彼は 会社員だ。

○ 彼女は 歌手だ。

2. ≫ 명사＋ではない(＝じゃない)

○ 私は 学生じゃない。

○ 彼は 先生じゃない。

◎ 彼女は 韓国人ではない。

◎ 友だちは 日本人ではない。

3. ≫ 지시대명사 これ・それ・あれ・どれ

◎ これは 本だ。

◎ それは ノートだ。

◎ あれは つくえじゃない。テーブルだ。

◎ どれが いい?

4. ≫ 소유의 「の」

◎ これは 私の かばんだ。

◎ それは 父の 時計じゃない。

◎ 彼の 車は あれじゃない?

◎ 彼女は キムさんの 友だちだ。

연습하기

1. 이것은 나의 가방이다. (これ、私<ruby>私<rt>わたし</rt></ruby>、かばん)

   ✅ _____

2. 선생님은 한국인이 아니다. (<ruby>先生<rt>せんせい</rt></ruby>、<ruby>韓国人<rt>かんこくじん</rt></ruby>)

   ✅ _____

3. 그의 이름은 다나카이다. (<ruby>彼<rt>かれ</rt></ruby>、<ruby>名前<rt>なまえ</rt></ruby>、<ruby>田中<rt>たなか</rt></ruby>)

   ✅ _____

4. 나의 친구는 회사원이 아니다. (<ruby>私<rt>わたし</rt></ruby>、<ruby>友<rt>とも</rt></ruby>だち、<ruby>会社員<rt>かいしゃいん</rt></ruby>)

   ✅ _____

5. 내일은 나의 생일이다. (<ruby>明日<rt>あした</rt></ruby> or <ruby>明日<rt>あす</rt></ruby>、<ruby>誕生日<rt>たんじょうび</rt></ruby>)

   ✅ _____

6. 저것은 우리 형의 모자이다. (<ruby>兄<rt>あに</rt></ruby>、<ruby>帽子<rt>ぼうし</rt></ruby>)

   ✅ _____

7. 나의 꿈은 가수이다. (<ruby>夢<rt>ゆめ</rt></ruby>、<ruby>歌手<rt>かしゅ</rt></ruby>)

   ✅ _____

8. 저것이 엄마의 우산이다. (<ruby>母<rt>はは</rt></ruby>、<ruby>傘<rt>かさ</rt></ruby>)

   ✅ _____

9. 그녀는 그의 친구가 아니다. (<ruby>彼女<rt>かのじょ</rt></ruby>、<ruby>彼<rt>かれ</rt></ruby>、<ruby>友<rt>とも</rt></ruby>だち)

   ✅ _____

10. 나카무라씨는 일본인이 아닌가? (<ruby>中村<rt>なかむら</rt></ruby>、<ruby>日本人<rt>にほんじん</rt></ruby>)

    ✅ _____

「〜人」의 읽기가 헷갈려요.

　일본어 한자 읽기는 한자의 음으로 읽는 방법(音読み)과 뜻으로 읽는 방법(訓読み)이 있어 같은 한자라도 읽기가 여럿이다.

◎ 音読み

1. 「じん」으로 읽는 경우 : 「人」 앞에 있는 단어가 '사람의 속성을 나타내는 말'일 때

　예　日本人(日本の人)　　外国人(外国の人)　　美人(美しい人)

　　　老人(老いた人)　　偉人(偉大な人)

2. 「にん」으로 읽는 경우 : 「人」 앞에 있는 단어가 '사람의 동작을 나타내는 말'일 때

　예　管理人(管理する人)　　世話人(世話する人)　　犯人(犯罪を行った人)

　　　行人(仏道を修行する人)　罪人(罪を犯した人)

◎ 訓読み

1. 「ひと」로 읽는 경우 : '사람, 타인' 등의 뜻을 나타내는 경우

　예　人として生きる。　　彼は人がいい。

　　　人の意見　　人に迷惑をかけてはいけない。

2. 「びと」

　예　恋人、旅人、村人 등

※ 悪人、善人、求人(人を求めること)、殺人(人を殺すこと)、狩人、素人、仲人 등, 예외적인 읽기에도 주의가 필요하다.

1-2

私の 名前は 李ユラです。

- 명사＋です
- 명사＋の＋명사
- 형식 명사「の」

1. 》 명사＋です(か)

- 私は 学生です。
- ここは 教室です。
- 私の 名前は 李ユラです。
- あなたも この 学校の 学生ですか。

2. 》 명사＋ではありません(=じゃないです)

- 私は 会社員ではありません。
- 彼は 私の 友だちじゃないです。

○ 妹さんも 学生ではありませんか。

3. 》 명사＋で、명사＋です

○ 父は 公務員で、母は 主婦です。

○ 私は 大学生で、弟は 高校生です。

○ これは 私の 本で、それは 友だちの ノートです。

4. 》 명사＋の＋명사

○ 彼女は 日本語の 先生です。

○ これは 料理の 雑誌です。

○ トヨタは 何の 会社ですか。

5. 》 형식 명사「の」

○ この ぼうしは 私のです。

○ これは 父ので、それは 私のです。

○ どれが あなたのですか。

연습하기

1. 나는 대학생입니다. (大学生)

   ✔ _____

2. 여동생은 고등학생이고 남동생은 중학생입니다. (妹、高校生、弟、中学生)

   ✔ _____

3. 그는 이 학교 학생이 아닙니다. (学校)

   ✔ _____

4. 나의 꿈은 일본어 전문가입니다. (夢、専門家)

   ✔ _____

5. 나의 일본인 친구의 이름은 하야시 켄입니다. (日本人、友だち、名前)

   ✔ _____

6. 이건 무슨 책이에요? (これ、何、本)

   ✔ _____

7. 이것도 제 것이고 그것도 제 것입니다. (これ、それ)

   ✔ _____

8. 선생님의 것은 어느 것입니까? (先生、どれ)

   ✔ _____

9. 사진 속 이 사람이 제 친구입니다. (写真、中、友だち)

   ✔ _____

10. 그것은 엄마의 것이 아닙니다. (母)

    ✔ _____

「何」의 읽기가 헷갈려요

1. 「何〜」형태일 때

1) 「なに」: 「何」 다음에 이어지는 단어의 내용이나 모양, 이름 등을 묻는 경우

   예 何新聞、何事、何者、何航空、何会社、何色、何人、何語 등

   A : あそこの背の高い人は何人ですか。

   B : さあ、アメリカ人ではないでしょうか。

2) 「なん」: 「何」 다음에 이어지는 단어의 수량을 의미하는 경우

   예 何時、何円、何枚、何冊、何個、何人、何語 등

   A : 学生は何人いますか。

   B : 15人です。

2. 단독 형태일 때

1) 「なに」: 조사 「が、を、から、まで、も、は」 등이 이어질 경우

   예 あそこに何がありますか。

   何を飲みますか。

   何から何までやっていただいて、どうもありがとうございました。

   何もございませんが、どうぞごゆっくり。

2) 「なん」: 조사 「の」앞일 경우

   예 今日は何の話ですか。

   何の準備もできなくてごめんなさい。

3) 「か」「に」「と」의 앞일 경우에는 「なに」「なん」모두 OK.

　　단「で」의 경우는 의미가 구별된다.

　　　例　A：九州へは何で行くんですか。(수단)

　　　　　B：船です。

　　　　　A：九州へは何で行くんですか。(원인, 이유)

　　　　　B：出張で行きます。

4) 「何という」: 무슨, 뭐라는

　　　例　あれは何という花ですか。

MEMO

2-1

つくえの 上に 本が あります。

- あります・います
- 동격의 「の」

1. 》 あります

- つくえの 上^{うえ}に 本^{ほん}が あります。
- ビルの 中^{なか}に 本屋^{ほんや}と 花屋^{はなや}が あります。
- 薬屋^{くすりや}は 病院^{びょういん}の 後^{うし}ろに ありますか。

2. 》 ありません

- かばんの 中^{なか}に 財布^{さいふ}が ありません。
- テーブルの 上^{うえ}には 何^{なに}も ありません。
- この 建物^{たてもの}の 中^{なか}に カフェは ありませんか。

3. ≫ います

○ 私の 家族は 田舎に います。

○ ベッドの 下に 猫が います。

○ 教室に だれが いますか。

4. ≫ いません

○ 部屋には だれも いません。

○ 子どもの そばに お母さんが いません。

○ すみません。だれか いませんか。

5. ≫ 동격의 「の」

○ 事務室に 課長の 中村が います。

○ 大学生の 兄は 今 アメリカに います。

○ 日本語の 先生の 鈴木さんは 大学院生です。

연습하기

1. 자동차 안에 누가 있어요? (車 or 自動車、中、誰)

   ✅ _____

2. 방 안에 누군가 있나요? (部屋、誰)

   ✅ _____

3. 병원 안에는 편의점이랑 카페 등도 있습니다. (病院、コンビニ、カフェ)

   ✅ _____

4. 의자 아래에 무언가 있나요? (いす、下、何)

   ✅ _____

5. 냉장고 안에 음식은 아무것도 없습니다. (冷蔵庫、食べ物、何)

   ✅ _____

6. 저에게는 형제가 없습니다. (兄弟)

   ✅ _____

7. 친구인 에가와는 저 방에 있습니다. (友だち、部屋)

   ✅ _____

8. 공무원인 사토씨는 저의 회화 선생님입니다. (公務員、会話)

   ✅ _____

9. 선생님 연구실에는 일본어책이 많이 있습니다. (研究室、日本語、本)

   ✅ _____

10. 당신의 고양이는 어디에도 없습니다. (猫、どこ)

    ✅ _____

조사 「に」와 「で」의 쓰임이 헷갈려요

1. 「に」: 존재 장소, 동작의 결과가 존재하는 장소. '~에'

   예 ここに本があります。

   私は部屋にいる。

   つくえの上に本を置きます。(책을 두면 책상 위에 책이 존재한다는 의미에서)

   駅の前に集まってください。(사람이 모이면 역 앞에 사람이 존재하게 된다는 의미에서)

2. 「で」: 동작이나 행위가 이루어지는 장소. '~에서'

   예 ここで本を読みます。

   食堂でお昼を食べます。

   学生は運動場で野球をする。

   会議室で会議があります。('회의'는 동작이나 행위를 나타내는 명사이므로)

2-2

助数詞

○ 조수사・가족 호칭

1. 》数字（すうじ）

① 十

一 いち	二 に	三 さん	四／四 し よん	五 ご
六 ろく	七／七 しち なな	八 はち	九／九 きゅう く	十 じゅう

② 百

百 ひゃく	二百 に ひゃく	三百 さんびゃく	四百 よんひゃく	五百 ご ひゃく
六百 ろっぴゃく	七百 ななひゃく	八百 はっぴゃく	九百 きゅうひゃく	千 せん

③ 千

千 せん	二千 に せん	三千 さんぜん	四千 よんせん	五千 ご せん
六千 ろっせん	七千 ななせん	八千 はっせん	九千 きゅうせん	一万 いちまん

2. 》》物の数：何個

ひと 一つ	ふた 二つ	みっ 三つ	よっ 四つ	いつ 五つ
むっ 六つ	なな 七つ	やっ 八つ	ここの 九つ	とお 十

3. 》》人数：何人

ひとり 一人	ふたり 二人	さんにん 三人	よにん 四人	ごにん 五人
ろくにん 六人	しちにん なnæにん 七人/七人	はちにん 八人	きゅうにん く にん 九人/九人	じゅうにん 十人

4. 》》日：何日

ついたち 一日	ふつか 二日	みっか 三日	よっか 四日	いつか 五日
むいか 六日	なのか 七日	ようか 八日	ここのか 九日	とおか 十日
じゅういちにち 十一日	じゅうににち 十二日	じゅうよっか 十四日	は つ か 二十日	にじゅうよっか 二十四日

5. 》》時間：何時、何分

いち じ 一時	に じ 二時	さん じ 三時	よ じ 四時	ご じ 五時
ろく じ 六時	しち じ 七時	はち じ 八時	く じ 九時	じゅう じ 十時
いっぷん 一分	に ふん 二分	さんぷん 三分	よんぷん 四分	ご ふん 五分
ろっぷん 六分	ななふん 七分	はっぷん はちふん 八分/八分	きゅうふん 九分	じゅっぷん じっぷん 十分/十分

6. 》》 単位：何本、何階

一本 いっぽん	二本 にほん	三本 さんぼん	四本 よんほん	五本 ごほん
六本 ろっぽん	七本 / 七本 ななほん / しちほん	八本 / 八本 はっぽん / はちほん	九本 きゅうほん	十本 / 十本 じゅっぽん / じっぽん
一階 いっかい	二階 にかい	三階 さんがい	四階 よんかい	五階 ごかい
六階 ろっかい	七階 ななかい	八階 / 八階 はっかい / はちかい	九階 きゅうかい	十階 / 十階 じゅっかい / じっかい

7. 》》 曜日：何曜日

月曜日 げつようび	火曜日 かようび	水曜日 すいようび	木曜日 もくようび	金曜日 きんようび
土曜日 どようび	日曜日 にちようび			

8. 》》 家族

호칭	내 가족	남의 가족	호칭	내 가족	남의 가족
할아버지	祖父（そふ）	おじいさん	남편	主人（しゅじん）・夫（おっと）	ご主人（しゅじん）
할머니	祖母（そぼ）	おばあさん	아내	家内（かない）・妻（つま）	奥（おく）さん
아버지	父（ちち）	お父（とう）さん	자녀	子（こ）ども・子（こ）	お子（こ）さん
어머니	母（はは）	お母（かあ）さん	아들	息子（むすこ）	息子（むすこ）さん
형, 오빠	兄（あに）	お兄（にい）さん	딸	娘（むすめ）	娘（むすめ）さん
누나, 언니	姉（あね）	お姉（ねえ）さん	부모의 남자 형제	おじ	おじさん
남동생	弟（おとうと）	弟（おとうと）さん	부모의 여자 형제	おば	おばさん
여동생	妹（いもうと）	妹（いもうと）さん	손자	孫（まご）	お孫（まご）さん
부모	親（おや）・両親（りょうしん）	ご両親（りょうしん）	형제	兄弟（きょうだい）	ご兄弟（きょうだい）

연습하기

1. 하루는 24시간, 한 달은 30일, 일 년은 365일입니다. (一日、一ヶ月、一年)

   ✅ _____

2. 이 사과는 세 개에 얼마예요? (りんご、いくら)

   ✅ _____

3. 교실에는 두 명의 학생이 있습니다. (教室)

   ✅ _____

4. 지금 몇 시 몇 분인가요? (今)

   ✅ _____

5. 형님은 대학생인가요? (お兄さん)

   ✅ _____

6. 책상 위에 장미 한 송이가 있습니다. (つくえ、バラ)

   ✅ _____

7. 우리 집에는 고양이 한 마리와 강아지 두 마리가 있습니다. (わが家)

   ✅ _____

8. 자제분은 몇 살이세요? (お子さん、おいくつ)

   ✅ _____

9. 내일은 8일이고 목요일입니다. (明日 or 明日)

   ✅ _____

10. 일본어 강의실은 7층에 있습니다. (講義室)

    ✅ _____

초하루는 왜 「ついたち」라고 하나요?

「ついたち」는 「月立ち」가 변화된 말로 여기서 「立ち」는 시작되다(始まる), 나타난다 (現れる)를 의미한다. 즉 '달이 처음 나타난다(月が立つ)'는 뜻에서 「月立ち→ついたち」 가 되었다.

한편 30일은 「つごもり」라고 하는데 이는 「月隠り」, 곧 '달이 모습을 감추어 보이지 않는 다(月が隠る)'는 의미에서 유래 되었다. 30이란 숫자는 「みそ」라고도 하기에 30일은 「みそ か」라고도 한다. 여기에서 섣달그믐날을 일컫는 「大みそか＝おおつごもり」가 생겨났다.

MEMO

3-1

日本の 夏は とても 暑いです。

○ 형용사 현재형

▌형용사

어간(語幹)	어미(語尾)
おおき	い
おもしろ	い
かわい	い

1. 》》 ～い＋명사

○ 青い 空

○ 大きい 川

○ 高い ビル

○ 美しい 人

2. ≫ ～い ＋です(か)

◎ 日本語は 面白いです。

◎ 東京は 物価が 高いです。

◎ 日本の 夏は とても 暑いです。

◎ 納豆は おいしいですか。

3. ≫ 어간 ＋くない

◎ 日本語は 難しくない。

◎ 私の 部屋は 広くない。

◎ 学校は 家から 遠くない。

◎ 彼女の 髪は 長くも 短くもない。

4. ≫ 어간 ＋くないです(＝くありません)

◎ 中国語は 易しくないです。

◎ 東京の 家賃は 安くないです。

◎ 彼との 会話は 楽しくありません。

◎ 秋は 涼しいが、あまり 長くありません。

▌형용사 현재형

	보통	정중
긍정	① 기본형 おいしい あたたかい いい	② ①+です おいしいです あたたかいです いいです
부정	③ 어간+くない おいしくない あたたかくない よくない	④ ③+です <u>おいしくないです</u> ＝ありません あたたかくありません よくないです

※ 「いい(よい)」의 경우, 긍정문은 「いい」, 부정문은 「よい」가 활용한다.

◎ この かばんは いい(です)。

◎ うそを つくのは よくない(です)。

◎ **신체 관련 관용구**

顔^{かお}が 広^{ひろ}い	耳^{みみ}が 早^{はや}い	鼻^{はな}が 高^{たか}い
口^{くち}が 軽^{かる}い	口^{くち}が 堅^{かた}い	口^{くち}が 重^{おも}い
口^{くち}が うるさい	目^めが ない	目^めが 高^{たか}い

◉ 형용사 단어

단어	뜻	단어	뜻	단어	뜻	단어	뜻
大きい	크다	小さい	작다	多い	많다	少ない	적다
高い	높다	低い	낮다	高い	비싸다	安い	싸다
遠い	멀다	近い	가깝다	新しい	새롭다	古い	낡다
深い	깊다	浅い	얕다	明るい	밝다	暗い	어둡다
広い	넓다	狭い	좁다	暖かい	따뜻하다	涼しい	서늘하다
暑い	덥다	寒い	춥다	熱い	뜨겁다	冷たい	차갑다
厚い	두껍다	薄い	얇다	寂しい	쓸쓸하다	嬉しい	기쁘다
面白い	재미있다	つまらない	시시하다	美味しい	맛있다	まずい	맛없다
難しい	어렵다	易しい	쉽다	優しい	상냥하다	かわいい	귀엽다
美しい	예쁘다	醜い	추하다	痛い	아프다	苦しい	괴롭다
甘い	달다	辛い	맵다	早い	이르다	遅い	늦다
太い	굵다	細い	가늘다	速い	빠르다	苦い	쓰다
軽い	가볍다	重い	무겁다	固い	딱딱하다	柔らかい	부드럽다
楽しい	즐겁다	悲しい	슬프다	忙しい	바쁘다	危ない	위험하다
詳しい	상세하다	親しい	친하다	うるさい	시끄럽다	怖い	무섭다
強い	강하다	弱い	약하다	いい	좋다	悪い	나쁘다

연습하기

1. 그는 밝은 성격입니다. (明るい、性格)

   ✅ _____

2. 한국의 파란 가을 하늘은 정말 아름다워요. (秋、空、美しい)

   ✅ _____

3. 그 레스토랑은 역에서 가깝습니다. (レストラン、駅、近い)

   ✅ _____

4. 일본 음식은 별로 맵지 않다. (食べ物、あまり、辛い)

   ✅ _____

5. 코끼리는 코가 길다. (象、鼻)

   ✅ _____

6. 음식의 양은 많지도 적지도 않습니다. (食べ物、量、少ない)

   ✅ _____

7. 그 가게는 가격은 싸지만, 물건은 좋지 않다. (店、値段、安い、品物)

   ✅ _____

8. 일본에서 가장 높은 산은 후지산이다. (最も、高い、富士山)

   ✅ _____

9. 세계에서 인구가 가장 많은 나라는 중국이다. (世界、人口、国、中国)

   ✅ _____

10. 일본어 작문은 쉽지 않지만, 수업은 즐겁습니다. (易しい、授業、楽しい)

    ✅ _____

Q 잠깐 공부하기

「多い友だち」라는 표현은 어색한가요?

예 この花は赤い。(○) / 赤い花を買う。(○)

私は友だちが多い。(○)

多い友だちが来ました。(×)

→ 友だちがたくさん(大勢)来ました。(○)

多い友だち(×)

→ たくさんの友だち / 多くの友だち / 大勢の友だち(○)

1. 「多い」「少ない」는 술어로는 쓰여도 명사를 수식하는 말로는 사용할 수 없다.

단, 「~が多い~」「~が少ない~」의 형태는 가능

예 兄弟が多い人、韓国人が多いクラス、量が少ないカレー、

子どもが少ない家族 등

2. 수량이 적다는 의미가 아니라 '한정된 수량'의 의미라면 「少ない~」라는 표현도 가능

예 少ない時間を有効に使います。

少ない給料で一ヶ月を過ごすのは大変だ。

3-2

教室は 広くて 涼しいです。

○ 비교격 조사 より・ほど
○ 형용사 ~くて

1. ≫ ~より

○ 妹は 姉より 背が 高い。

○ 日本は 韓国より 人口が 多い。

○ お酒より ビールの 方が いいです。

○ 花より 団子。

2. ≫ ~ほど

○ バスは 電車ほど 速くないです。

○ 日本語は 中国語ほど 難しくない。

◎ 東京は ソウルほど 寒くないです。

◎ 小説ほど 映画は 面白くありません。

3. ≫ 형용사 어간＋くて

1) 열거

◎ 大阪の 夏は 暑くて 湿気も 多い。

◎ ケーキは やわらかくて とても 甘い。

◎ おにぎりは 安くて おいしい 食べ物です。

◎ おばあさんは 目も 悪くて 耳も 遠いです。

2) 원인, 이유

◎ 教室は 広くて 涼しいです。

◎ 日本語は 漢字が 多くて 易しくない。

◎ 彼女は 明るくて みんなに 人気が あります。

◎ あの アパートは 駅から 近くて 家賃が 高い。

4. ≫ ～く なる

◎ 日本語の 発音が よく なる。

◎ 天気が だんだん 暖かく なる。

연습하기

1. 신칸센보다 비행기가 빠릅니다. (新幹線、飛行機、速い)

   ✅ _____

2. 어제보다 오늘이 더 덥네요. (昨日、もっと、暑い)

   ✅ _____

3. 그녀는 당신만큼 밝은 성격이 아닙니다. (明るい、性格)

   ✅ _____

4. 코끼리는 코가 길고 기린은 목이 깁니다. (象、鼻、キリン、首)

   ✅ _____

5. 일본 음식은 한국 음식만큼 맵지 않다. (食べ物、辛い)

   ✅ _____

6. 백화점은 역에서 가까워서 좋습니다. (デパート、駅、近い)

   ✅ _____

7. 이 가방은 크고 가볍습니다. (かばん、大きい、軽い)

   ✅ _____

8. 사과는 둥글고 빨갛습니다. (りんご、丸い)

   ✅ _____

9. 일본어는 쉬워서 재미있습니다. (易しい、おもしろい)

   ✅ _____

10. 그녀는 마음씨가 상냥해서 예쁘다. (心、優しい、美しい)

    ✅ _____

조사의 쓰임에 대해 정리해주세요.

종류	뜻	예문
は	~은(는)	私は学生です。 父は公務員で、母は先生です。
が	① ~이(가) ② ~의	① 空が青い。 山が見える。 ② 自由が丘(자유의 언덕) わが家(우리 집)
を	~를(을)	本を読む。 家を出る。 ご飯を食べる。
と	① ~와(과) ② ~이(가) (변화)	① 友だちと旅行する。 ② 母となる。 氷が水となる。
や	~랑, ~나	テーブルの上に本や雑誌などがあります。
も	① ~도 ② ~나(수량 강조)	① 花子は英語も韓国語も上手です。 ② りんごを三個も食べる。
の	① ~의 ② ~의 것 ③ 명사＋명사 ④ 동격	① これは私のかばんです。 ② この本は友だちのです。 ③ 日本語の先生はどなたですか。 ④ 妹の綾子は大学生です。
に	① ~에 ② ~에게 ③ ~이(가) (변화)	① 公園にいる。(존재 장소) 家に帰る。(목적지) 朝、7時に起きる。(시간) お酒に弱い。(대상) ② 彼に本を送る。 ③ 学者になる。
へ	~(으)로	学校へ行く。 東へ飛ぶ。
で	① ~에서 ② ③ ④ ~(으)로 ⑤ ~에	① 会社で働く。(동작 장소) ② 電話で話す。(수단) ③ 豆で豆腐を作る。(재료) ④ 風邪で休む。(원인) ⑤ 2個で100円です。(한도, 범위)
から	① ~부터 ② ~에서부터 ③ ~(으)로부터 ④ ~(으)로 ⑤ ~이니까	① 授業は10時から始まる。(개시지점) ② 家は駅から遠い。(기준) ③ 兄からメールが来た。(기점) ④ 米から酒を作る。(원료) ⑤ 危ないから行かない。(원인)

종류	뜻	예문
まで	①~까지 ②~까지 쭉	① 授業は10時から12時までです。(종료 지점) ② 私がもどるまでここで待ってください。(지속)
までに	~까지	① 私がもどるまでに掃除をしておいてね。(완료) ② 来週までにレポートを出してください。(기한)

MEMO

4-1

代々木公園は 静かです。

○ 형용동사 현재형

▌기본형

어간	어미
しずか	だ
まじめ	だ
すき	だ

1. ≫ 어간 + な + 명사

○ 好_すきな 人_{ひと}

○ 静_{しず}かな 公園_{こうえん}

○ 有名_{ゆうめい}な 俳優_{はいゆう}

○ にぎやかな 街_{まち}

※ 예외 ◎ 同_{おな}じな 本_{ほん}(×)　　◎ 同_{おな}じ 本_{ほん}(○)

---

2. 》》 **어간 + です(か)**

◎ 彼女_{かのじょ}は 真面目_{まじめ}です。

◎ 代々木公園_{よよぎこうえん}は 静_{しず}かです。

◎ 刺身_{さしみ}は 好_すきですか。

◎ ソウルの 交通_{こうつう}は 便利_{べんり}ですか。

---

3. 》》 **어간 + では(じゃ)ない**

◎ 水泳_{すいえい}は 得意_{とくい}ではない。

◎ 問題_{もんだい}は 簡単_{かんたん}じゃない。

◎ あの 人_{ひと}は 親切_{しんせつ}ではない。

◎ 日本語_{にほんご}の 授業_{じゅぎょう}は 退屈_{たいくつ}じゃない。

---

4. 》》 **어간 + ではないです(=じゃありません)**

◎ 姉_{あね}は わがままではないです。

◎ あの 服_{ふく}は 派手_{はで}じゃないです。

◎ 鈴木_{すずき}さんは ハムサムじゃありません。

◎ 料理_{りょうり}は あまり 上手_{じょうず}じゃありません。

▌ 형용동사 현재형

	보통	정중
긍정	① 기본형 すきだ しずかだ ゆうめいだ	② 어간+です すきです しずかです ゆうめいです
부정	③ 어간+ではない すきではない しずかではない ゆうめいではない	④ ③+です すきではないです 　　　=ありません しずかではないです ゆうめいではありません

❀ 형용동사 단어

단어	뜻	단어	뜻	단어	뜻
好きだ	좋아하다	上手だ	능숙하다	得意だ	잘한다
嫌いだ	싫어하다	下手だ	서툴다	苦手だ	못한다
静かだ	조용하다	便利だ	편리하다	華やかだ	화려하다
賑やかだ	번화하다	不便だ	불편하다	地味だ	수수하다
大事だ	중요하다	大切だ	소중하다	元気だ	건강하다
有名だ	유명하다	立派だ	훌륭하다	真面目だ	성실하다
素直だ	솔직하다	盛んだ	성행하다	新鮮だ	신선하다
親切だ	친절하다	大変だ	큰일이다	見事だ	볼만하다
不思議だ	이상하다	確かだ	확실하다	わがままだ	제멋대로이다
きれいだ	아름답다 깨끗하다	変だ	(상태 등이) 이상하다	いやだ	싫다
暇だ	한가하다	すてきだ	멋지다	楽だ	편안하다

연습하기

1. 아름다운 백합이군요. (きれいだ、百合)

   ✓ _____

2. 당신에게 가장 소중한 물건은 뭐예요? (大事だ、もの)

   ✓ _____

3. 싫어하는 음식, 있어요? (嫌いだ、食べ物)

   ✓ _____

4. 당신의 일본어는 훌륭합니다. (立派だ)

   ✓ _____

5. 그는 제멋대로인 사람이 아닙니다. (わがままだ、人)

   ✓ _____

6. 학교에서 집까지의 교통은 편리해요? (交通、便利だ)

   ✓ _____

7. 한국에서는 프로 야구가 성행합니다. (プロ野球、盛んだ)

   ✓ _____

8. 그 배우는 노래도 잘합니다. (俳優、歌、上手だ)

   ✓ _____

9. 할아버지는 건강하지 않습니다. (元気だ)

   ✓ _____

10. 『친절한 금자씨』는 유명한 작품입니다. (親切だ、有名だ、作品)

    ✓ _____

「きらいだ」와 「いやだ」의 의미는 어떻게 다른가요?

1. 「嫌いだ(hate)」: 어떤 대상이나 상태에 대해 지속적, 항상적으로 호감이 갈 수 없는 감정을 나타낼 때 쓰인다.

   ↔ 「好きだ」

   예 私はうそをつく人は嫌いだ。

   嫌いな食べ物は何ですか。

2. 「嫌だ(I do not want)」: 대상에 대한 순간적 판단이나 거부 반응 등의 감정. 마음이 내키지 않거나 불쾌한 상황에서 이를 피하고 싶은 부정적 기분을 표현한다.

   ↔ 「いい」

   예 あんな男とつきあうのはもういやだ。

      A : 焼き肉、食べない?

      B : 今日はいやだ。昨日食べ過ぎたから。

      A : そろそろ勉強、始めましょう。

      B : いやです。

      A : なんで? 勉強、嫌いですか。

      B : いいえ、嫌いではありません。

         でも、今は頭が痛くてあまり勉強したくありません。

   ※ 今日はピーマンが嫌いです。(×)

MEMO

彼は 真面目で すなおな 人です。

○ ~が 형용동사
○ 형용동사 ~で

1. 》》~が 형용동사

○ 私は ラーメンが(を×) 好きです。

○ 母は たばこの 匂いが(を×) 嫌いです。

○ あなたは 日本語が(を×) 上手ですね。

○ 中山さんは 料理が(を×) 下手です。

○ 彼は 水泳が(を×) 得意です。

○ 弟は 数学が(を×) 苦手です。

2. 》》 형용동사 어간＋で

1) 열거 : ～이고

◎ 彼は 真面目で すなおな 人です。

◎ その 店の 店員は 親切で やさしい。

◎ この 部屋は 静かで きれいですね。

◎ あの 子は 歌も 上手で ダンスも 立派です。

2) 원인, 이유 : ～이어서

◎ これは 作り方が 簡単で いいですね。

◎ この アパートは 交通が 便利で 家賃が 高い。

◎ 彼女は 朗らかで みんなに 人気が あります。

◎ あの 服は 派手で あまり 好きではないです。

3. 》》 ～に なる

◎ 彼が 好きに なる。

◎ 日本語が 上手に なる。

◎ まわりが だんだん 静かに なる。

◎ 前より 問題が もっと 複雑に なる。

연습하기

1. 과일 중에는 사과를 제일 좋아합니다. (果物、りんご、好きだ)

    ✅ _____

2. 저는 제멋대로인 사람을 싫어합니다. (わがままだ、嫌いだ)

    ✅ _____

3. 여동생은 영어를 잘합니다. (妹、英語、上手だ)

    ✅ _____

4. 형은 요리를 잘못해요. (兄、料理、苦手だ)

    ✅ _____

5. 제 친구는 성실하고 건강합니다. (友だち、真面目だ、元気だ)

    ✅ _____

6. KTX는 편리하고 안전합니다. (便利だ、安全だ)

    ✅ _____

7. 그녀는 수수해서 좋아요. (彼女、地味だ)

    ✅ _____

8. 전보다 거리가 번화해진다. (前、街、賑やかだ)

    ✅ _____

9. 얼굴이 예쁜 사람보다 마음이 예쁜 사람을 좋아합니다. (顔、きれいだ、好きだ)

    ✅ _____

10. 이 방은 조용하고 깨끗하군요. (静かだ、きれいだ)

    ✅ _____

Q 잠깐 공부하기

「〜に なる」와 「〜と なる」의 차이는 뭐죠?

두 문형 모두 변화 결과를 나타내는 말로 '〜이(가) 되다'의 의미를 갖는다.

1. 「〜に なる」: 자연스러운 과정을 거친 결과로서 변화된 것, 어느 정도 연속적인 변화의 시간이 필요한 경우

   예 花子は大学を卒業して、小学校の先生になりました。

   午前中は晴れですが、徐々に曇りが広がって明日は雨になるでしょう。

   弟はだんだん真面目になりました。

2. 「〜と なる」: 결과에 주목한 변화 표현, 명확한 주장이나 적극적 의사를 반영

   예 彼はいよいよ会社の会長となりました。

   ちりも積もれば山となる。

   今降っている雪も午後からは雨となるでしょう。

   手紙はもう煙となって空へ消えて行きます。

5-1

昨日の パーティーは 楽しかった。

○ 형용사 과거형

1. 》 어간 + かった

- 日本語の 教室は 広かった。
- 今年の 夏は とても 暑かった。
- 昨日の パーティーは 楽しかった。
- 学食の カレーライスは おいしかった。

2. 》 어간 + かったです

- 新幹線は 大変 速かったです。
- あの 川は とても 深かったです。
- 道は 暗くて すごく 怖かったです。

○ ここ 二三日、ずいぶん 忙しかったです。

3. ≫ 어간 + くなかった

○ ソウルの 物価も 安くなかった。

○ 妹の 料理は おいしくなかった。

○ 愛 以外は 何も ほしくなかった。

○ おばあさんの かばんは 重くなかった。

4. ≫ 어간 + くなかったです(＝くありませんでした)

○ あの 映画は 面白くなかったです。

○ 相手は あまり 強くありませんでした。

○ 学校の 成績は 悪くありませんでした。

○ 週末は 体の 具合が あまり よくなかったです。

◎ 형용사 과거형

	보통	정중
긍정	① **어간＋かった** おいしかった あたたかかった さむかった よかった	② **①＋です** おいしかったです あたたかかったです さむかったです よかったです
부정	③ **어간＋くなかった** おいしくなかった あたたかくなかった さむくなかった よくなかった	④ **③＋です** おいしく<u>なかったです</u> 　　　＝ありませんでした あたたかくなかったです さむくありませんでした よくありませんでした

※「いい(よい)」의 경우, 과거형 활용은「よい」에 한한다.

　よかった / よかったです / よくなかった / よくなかったです

연습하기

1. 엄마는 젊었을 때 매우 예뻤다. (若い、頃、美しい)

   ✔ _____

2. 그의 재능이 무척 부러웠습니다. (才能、うらやましい)

   ✔ _____

3. 내가 나빴어. 미안해. (悪い)

   ✔ _____

4. 학교에서 집까지는 그리 멀지 않았다. (学校、家、遠い)

   ✔ _____

5. 작년 겨울은 꽤 따뜻했습니다. (去年、かなり、暖かい)

   ✔ _____

6. 그 공원은 나무도 많고 연못도 넓었다. (公園、木、池)

   ✔ _____

7. 크리스마스는 혼자여서 쓸쓸했어요. (クリスマス、一人ぼっちで、寂しい)

   ✔ _____

8. 바람이 시원해서 기분 좋았다. (すずしい、気持ちいい)

   ✔ _____

9. 학생 식당 라면은 맛있고 양도 적지 않았습니다. (学食、ラーメン、量)

   ✔ _____

10. 중학교 시절, 그녀는 그다지 키가 크지 않았다. (中学時代、背が高い)

   ✔ _____

Q 잠깐 공부하기

「美しい」와 「きれいだ」의 차이는 뭐예요?

1. 「美しい」 : 색, 모양, 형태, 음성 등 외면적인 아름다움은 물론, 관념적이거나 내면적인 감동도 포함한다. 자연물에 많이 쓰인다.

   ↔「醜い」

   예 あれは美しい振舞いだった。(○) / きれいな振舞い (×)

   あの二人は美しい友情の見本です。

   美しい国を作りましょう。

2. 「綺麗だ」 : 아름답게 꾸민 상태에 대한 충족감이나 만족감을 나타낸다. 좋은 외관, 청결, 쾌적함을 나타내는 경우가 많으며 흔히 만들어진 아름다움에 많이 쓰인다.

   ↔「汚い」

   예 きれいな着物ですね。

   花嫁はきれいでした。

   手をきれいに洗いましょう。

MEMO

5-2

兄は 料理が 得意だった。

○ 형용동사 과거형

1. 》 어간 + だった

- 兄は 料理が 得意だった。
- 好きだった 人、いますか。
- 日本との サッカー 試合は 見事だった。
- あの タレントは 昔 けっこう 有名だった。

2. 》 어간 + でした

- 今日は 一日中 暇でした。
- 数学は 難しくて 嫌いでした。
- 高校生の 制服は みんな 同じでした。

◎ 刺身は 値段は 高かったが、新鮮でした。

3. 》》 어간 + では(じゃ)なかった

◎ 弟の 部屋は きれいではなかった。

◎ 彼との 会話は 退屈ではなかった。

◎ あの 店の 店員は 親切じゃなかった。

◎ ダンスは 悪くなかったが、歌は 上手じゃなかった。

4. 》》 어간 + では(じゃ)なかったです(＝では(じゃ)ありませんでした)

◎ 花嫁の ドレスは あまり 華やかじゃなかったです。

◎ 健康が 一番で、お金は 大事ではなかったです。

◎ 静かな 性格でしたが、べつに 真面目ではありませんでした。

◎ 形は すばらしかったが、使い方は 便利じゃありませんでした。

※「명사＋だ」는 형용동사와 같은 활용을 한다.

◎ 学生だった / 学生でした。

◎ 学生ではなかった。/ 学生ではなかったです(＝学生ではありませんでした)

◉ **형용동사 과거형**

	보통	정중
긍정	① 어간+だった 好_すきだった 静_{しず}かだった 有名_{ゆうめい}だった	② 어간+でした 好_すきでした 静_{しず}かでした 有名_{ゆうめい}でした
부정	③ 어간+ではなかった 好_すきではなかった 静_{しず}かではなかった 有名_{ゆうめい}ではなかった	④ ③+です 好_すきではなかったです =ありませんでした 静_{しず}かではなかったです 有名_{ゆうめい}ではありませんでした

연습하기

1. 그 감독의 영화는 그다지 좋아하지 않았습니다. (監督、映画、好きだ)

    ✅ _____

2. 바다 경치는 멋있었어요? (海、景色、すてきだ)

    ✅ _____

3. 그 가게의 생선은 신선하지 않았다. (魚、新鮮だ)

    ✅ _____

4. 저는 일본어를 잘했어요. (得意だ)

    ✅ _____

5. 그는 조용하고 매우 성실했다. (静かだ、真面目だ)

    ✅ _____

6. 옛날, 이곳은 그다지 번화하지 않았습니다. (昔、にぎやかだ)

    ✅ _____

7. 그때는 당신 사랑이 필요했어. (あの時、愛、必要だ)

    ✅ _____

8. 도쿄는 조용하고 깨끗했습니다. (東京、静かだ、きれいだ)

    ✅ _____

9. 두 사람은 가난했지만 행복했어요. (貧乏だ、幸せだ)

    ✅ _____

10. 수학 문제는 복잡해서 힘들었다. (数学、問題、複雑だ、大変だ)

    ✅ _____

Q 잠깐 공부하기

「大事だ」와「大切だ」는 어떻게 다른가요?

「大事だ」와「大切だ」모두 필요 때문에 중히 여기다, 소중히 다루다, 마음을 쓰다, 아끼다 등의 의미를 지니며 거의 모든 경우에 상호 호환할 수 있다. 굳이 뉘앙스의 차이를 따지자면 다음과 같다.

1. 「大切だ」: 주관적인 심정이나 애착, 애정 등이 강하다.

   예 限りある自然を大切にしましょう。

   物を大切にしてください。

   彼は私にとって大切な人です。

   初恋の人からもらった手紙を今も大切にしています。

2. 「大事だ」: 객관적이고 실질적, 사무적으로 중요한 느낌이 앞선다.

   예 明日は大事な用件で大阪へ出張する。

   お体をお大事にしてください。

   ビジネスに大事な文書だから気をつけてください。

   その件は国家の一大事なことです。

MEMO

6-1

タバコは 吸わない。

○ 동사 종류・부정형

1. 》 동사의 기본형

어간	어미	어간	어미
言^い	う	遊^{あそ}	ぶ
書^か	く	休^{やす}	む
話^{はな}	す	食^たべ	る
立^た	つ	帰^{かえ}	る
す	る	来^く	る

2. ≫ 동사의 종류

종류		기본형
1단 동사	–「い(i)」음+る	起きる 見る 着る 信じる 落ちる 居る 生きる 등
	–「え(e)」음+る	食べる 寝る 教える 出る 考える 受ける 開ける 등
5단 동사	1단 동사, 변격동사를 제외한 동사	言う 願う 書く 聞く 泳ぐ 話す 立つ 死ぬ 休む 遊ぶ 呼ぶ 降る 売る 始まる 終わる 등
※ 예외 5단 동사		入る 走る 知る 要る 切る 握る 参る 散る 帰る 減る しゃべる 蹴る 滑る 照る 등
변격 동사	する	あいさつする 散歩する 運動する 勉強する 등
	くる	来る

3. ≫ 부정형

1) 1단 동사 : 어간 + ない

◎ お肉は 食べない。

◎ 人に 秘密を 教えない。

◎ 子どもは 夜、早く 寝ない。

◎ この 映画、いっしょに 見ない?

2) 5단 동사 : 어간 + 어미 「ア(a)」음 + ない

◎ 弟は 母の 話を 聞かない。

◎ 高い プレゼントは 要らない。

◎ 最近の 若者は 本を あまり 読まない。

◎ 体に よくない タバコは 吸わない。

3) 변격 동사 : する → しない・来る → 来ない

◎ 明日 テストですが、弟は 全然 勉強しない。

◎ いっしょに ちょっと 散歩しない?

◎ もう 始まるのに 彼は まだ 来ない。

◎ 今度の 土曜日、家へ 来ない?

---

4. ≫ 조사와 결합이 강한 동사

~が 分かる	~을(를) 알다, 이해하다
~が できる	~을(를) 할 수 있다
~に 会う	~을(를) 만나다
~に 勤める	~에 근무하다
~に 勝つ	~을(를) 이기다
~に 乗る	~을(를) 타다
~に 住む	~에 살다
~に 代わる	~을(를) 대신하다
~に 似る	~을(를) 닮다

연습하기

1. 필요 없는 물건은 사지 않는다. (要る、もの、買う)

    ✅ _____

2. 이번 미팅에 그는 오지 않는다. (今度、ミーティング、来る)

    ✅ _____

3. 둘이서 맛있는 케이크를 먹는다. (二人で、ケーキ、食べる)

    ✅ _____

4. 오늘은 일찍 집에 돌아간다. (早く、帰る)

    ✅ _____

5. 그녀는 수업 중 친구와 떠들지 않는다. (彼、授業中、しゃべる)

    ✅ _____

6. 나쁜 장난은 하지 않는다. (いたずら、する)

    ✅ _____

7. 여름방학에 교토에 안 갈래? (夏休み、京都、行く)

    ✅ _____

8. 어머니는 아이에게 글씨를 가르친다. (字、教える)

    ✅ _____

9. 나는 매일 할머니에게 전화를 건다. (毎日、電話を かける)

    ✅ _____

10. 두 번 다시 그를 만나지 않아. (二度と、会う)

    ✅ _____

Q 잠깐 공부하기

「分かる」와 「知る」는 어떻게 달라요?

1. 「分かる」: 사물이나 대상을 다른 것과 구별하여 판단하거나 대상의 성격, 기분, 의도 등을 이해한다는 의미

    예 私はあなたの気持ちが分かります。

    まわりが暗かったので、そこにいた人が誰なのか分からなかった。

    テストの結果はいつ分かりますか。

    先生の説明が分からない人は手をあげて。

2. 「知る」: 사물이나 대상의 존재나 양상을 파악하거나 정보, 가치를 이해한다는 의미

    예 その本は前に読んだことがあるので、知っています。

    自分の欠点を知ることは大事なことです。

    あの人は昔のことをよく知っている。

    敵を知り、おのれを知る。

MEMO

6-2

今日は アルバイトに 行かなければ いけない。

○ 동사 ない형 연결 문형

1. ≫ **〜なければ ならない : 법률이나 공공 규칙 등의 의무**

○ 図書館では しずかに しなければ ならない。

○ 月末までに 税金を 納めなければ ならない。

○ ビンと カンは 燃えない ゴミの ところに 捨てなければ ならない。

○ 今週中に 本を 返さなければ なりません。

2. ≫ **〜なければ いけない : 개인 사정을 전제로 하는 의무**

○ 歯が 痛くて 歯医者に 行かなければ いけない。

○ 母に ほんとうの ことを 話さなければ いけない。

○ 今日は アルバイトに 行かなければ いけない。

◎ 明日 早いから 早く 寝なければ いけません。

3. ≫ ～なくては ならない・～なくては いけない

◎ 約束は ちゃんと 守らなくては ならない。

◎ 明日までに レポートを 出さなくては ならない。

◎ もっと 熱心に 運動しなくては いけない。

◎ 彼が 帰るまで ここで 待たなくては いけない。

4. ≫ ～なきゃ・～なくちゃ

◎ 危ない! 気を つけなきゃ。

◎ もっと 食べなきゃ だめよ。

◎ ほんとうの ことを 言わなくちゃ。

◎ あ、もう こんな 時間。帰らなくちゃ。

연습하기

1. 뭐든지 본인이 결정해야 한다. (何でも、自分で、決める)

    ✅ _____

2. 매일 열심히 일하지 않으면 안 된다. (熱心に、働く)

    ✅ _____

3. 글씨가 작아서 안 보여. 조금 더 크게 써야만 해. (字、見える、書く)

    ✅ _____

4. 친구에게는 정직하게 말해야 해. (正直だ、話す)

    ✅ _____

5. 작은 일이라도 최선을 다해야만 된다. (最善を 尽くす)

    ✅ _____

6. 오늘은 9시까지 집에 돌아가지 않으면 안 돼. (帰る)

    ✅ _____

7. 아 참, 엄마에게 연락해야지. (連絡する)

    ✅ _____

8. 사람은 서로 사랑하지 않으면 안 된다. (お互い、愛し合う)

    ✅ _____

9. 상처는 의사에게 진찰받아야 한다. (けが、医者に 診てもらう)

    ✅ _____

10. 공부도 좋지만 가끔은 쉬어야지. (勉強、たまに、休む)

    ✅ _____

Q 잠깐 공부하기

「もしもし」의 어원은 무엇인가요?

전화할 때의 정해진 문구(決まり文句)인 「もしもし」는 자기소개 할 때 쓰는 「申します」의 「申し」에서 비롯된 말이다. 「申し」는 옛날에 남에게 예의 바르게 말을 걸거나 부를 때 사용하던 말로, 예를 들어 「申し、お姫さま」처럼 쓰였다.

다음으로 두 번 겹친 「申し申し」가 곧 「もしもし」가 된 것이다. 길에서 낯모르는 사람에게 「もしもし、何か落されましたよ」(저기요, 뭔가 떨어뜨리셨는데요)라고 말을 건넬 때도 사용한다. 이후 전화가 일본에 보급되자 전화를 건 사람이 수화기에 대고 목소리가 잘 전달되는지를 확인하는 의미에서 건넨 「もしもし」가 전화 용어로 정착된 것이다.

7-1

今日は 早く 家に 帰ります。

○ 동사 ます형

1. 》 1단 동사 : 어간＋ます・ません

○ 毎朝 7時ごろ 起きます。

○ 2時から 3時まで 作文の テストを 受けます。

○ 彼の 話は 全く 信じません。

○ 魚は 食べますが、お肉は 食べません。

2. 》 5단 동사 : 어간＋어미 「イ(i)」음＋ます・ません

○ 野菜は 八百屋で 買います。

○ 今日は 早く 家に 帰ります。

○ 最近の 若者は 本を あまり 読みません。

◎ お酒は 少し 飲みますが、タバコは 全然 吸いません。

3. 》》 **する→します・しません　来る→来ます・来ません**

◎ 一生懸命 日本語の 勉強を します。

◎ 元気が なくて 今日、ジョギングは しません。

◎ 明日 5時までに ここに 来ます。

◎ 今夜の パーティーに 彼は 来ません。

4. 》》 **～ましょう(か)**

◎ 晩ご飯、いっしょに 食べましょう。

◎ いっしょうけんめい 勉強しましょう。

◎ いっぱい 飲みましょうか。

◎ もう ちょっと 待ちましょうか。

5. 》》 **～ませんか**

◎ 明日 いっしょに 映画でも 見ませんか。

◎ 今度の 日曜日 博物館へ 行きませんか。

◎ 久しぶりに 彼に 会いませんか。

◎ もう こんな 時間。そろそろ 帰りませんか。

◉ 동사 ます형 활용

	현재	과거
긍정	~ます 見ます 持ちます します 来ます	~ました 見ました 持ちました しました 来ました
부정	~ません 見ません 持ちません しません 来ません	~ませんでした 見ませんでした 持ちませんでした しませんでした 来ませんでした

연습하기

1. 휴일은 대개 집에서 쉽니다. (休みの日、たいてい、休む)

   ✅ _____

2. 친구와 함께 영화를 봅니다. (映画、見る)

   ✅ _____

3. 비싼 옷은 입지 않습니다. (服、着る)

   ✅ _____

4. 매일 밤 열두 시쯤 잡니다. (毎日、ごろ、寝る)

   ✅ _____

5. 무슨 요리를 만들어요? (何、料理、作る)

   ✅ _____

6. 깨끗이 청소합시다. (きれいに、掃除する)

   ✅ _____

7. 콘서트 표를 예약할까요? (コンサート、チケット、予約する)

   ✅ _____

8. 겨울 방학에 홋카이도에 안 갈래요? (冬休み、北海道)

   ✅ _____

9. 슬슬 일을 시작합시다. (そろそろ、仕事、始める)

   ✅ _____

10. 같이 춤추지 않겠어요? (いっしょに、踊る)

    ✅ _____

「思う」와 「考える」의 차이는 뭐예요?

1. 「思う」: 추측이나 완곡한 판단, 결심, 기대, 회상, 걱정, 연모 등, 심정적인 측면에서 '생각하다'의 의미. 직관적, 순간적인 판단이라는 느낌이 강하다.

예 こんな空だから、今晩は雨が降ると思います。

思ったことは必ず実行します。

子どもの成長をうれしく思います。

昔の生活を思うと今はまるで夢のようだ。

母はいつも弟のことを思っていた。

2. 「考える」: 지적 판단이나 고안 등, 지적인 측면에서 '생각하다' 의 의미

예 この問題はよく考えなければならない問題です。

彼は彼女が会社をやめると考えている。

先生はもっと便利な機械を考えた。

おもしろいクイズを考えたの。知りたいでしょう?

※ 先生は学生のことを思う。(학생에 대해 애정을 갖고 친밀히 대한다는 의미)

先生は学生のことを考える。(학생의 적성, 장래 등을 이성적으로 생각, 판단한다는 의미)

MEMO

7-2

白い 雲を 見ながら あなたを 考える。

○ 동사 ます형 연결 문형

1. 》》 ～ながら

- 友だちと 話しながら 散歩します。
- 白い 雲を 見ながら あなたを 考える。
- 順子が 笑いながら 私の 名前を 呼びました。
- 弟は いつも ゲームしながら ご飯を 食べます。

2. 》》 ～始める・～続ける・～終わる

- 最近、村上春樹の 小説を 読み始めました。
- 日本語が 上手に なるまで 勉強し続けます。
- 昨日は カフェで 友だちを 2時間も 待ち続けました。

◎ 子どもが 食べ終わるまで もう少し 待ちましょう。

3. ≫ 〜に 行く(来る)

◎ 本を 返しに 図書館へ 行きます。

◎ 母と 二人で 映画を 見に 行きました。

◎ 姉が 私を 呼びに 来ました。

◎ 家へ 遊びに 来ませんか。

※ 「〜する」동사

◎ 図書館へ {勉強に(○) / 勉強しに(○)} 行きます。

4. ≫ 〜やすい・〜にくい

◎ この 本は 字が 大きくて 読みやすい。

◎ これは 柔らかくて 食べやすいです。

◎ 漢方薬は 苦くて 飲みにくい。

◎ 漢字は 難しくて 覚えにくいです。

연습하기

1. 여동생은 공부하면서 음악을 듣습니다. (勉強する、音楽、聞く)

    ✓ _____

2. 노래를 부르면서 춤을 추는 일은 어렵습니다. (歌う、踊り、踊る)

    ✓ _____

3. 그녀는 수업 중, 옆 사람과 계속 수다를 떱니다. (授業中、となり、しゃべる)

    ✓ _____

4. 학생들은 일제히 답안을 쓰기 시작했습니다. (一斉に、答え、書く)

    ✓ _____

5. 드디어 지루한 책을 다 읽었습니다. (やっと、退屈だ、読む)

    ✓ _____

6. 내일 아베네 집에 놀러 가지 않을래? (明日 or 明日、遊ぶ)

    ✓ _____

7. 게는 맛있지만 먹기 힘들어요. (蟹、食べる)

    ✓ _____

8. 시골은 교통이 불편해서 살기 힘들지 않나요? (田舎、交通、暮らす)

    ✓ _____

9. 이 책은 설명이 자세해서 알기 쉬워요. (説明、詳しい、分かる)

    ✓ _____

10. 사용법이 간단해서 만들기 쉽네요. (使い方、簡単だ、作る)

    ✓ _____

Q 잠깐 공부하기

「〜にくい」, 「〜づらい」, 「〜がたい」의 차이는 뭔가요?

1. 「〜にくい」: '~하기 어렵다'는 가장 일반적인 표현
   물리적, 혹은 심리적인 곤란함을 나타낸다.

   예 この本は小学生には読みにくい。

   別れの言葉は言いにくかった。

   カニはおいしいが、食べにくい。

2. 「〜づらい」: 감각이나 주관적인 곤란함을 나타내며 말하는 이의 육체적, 혹은 정신적인
   불쾌감이 덧붙여진다.

   예 このモニターはどうも見づらい。

   服がきつくて動きづらいです。

   表面がつるつるしていて書きづらい紙です。

3. 「〜がたい」: 문어적인 표현. 논리적, 객관적인 요소가 강하며 말하는 이의 능력을 벗어
   나서 '~하기 어렵다(할 수 없다)'라는 의미를 나타낸다.

   예 だれにも忘れがたい思い出はあるでしょう。

   彼ははじめ、近寄りがたい人だった。

   彼女は耐えがたい苦しみを味わってきた。

8-1

お昼 いっしょに 食べる人 いる?

○ 동사 기본형 연결 문형

1. 》》 동사 기본형 + 명사

◎ 母_{はは}と 行_いく 温泉_{おんせん}は ここです。

◎ 今度_{こんど} 見_みる 映画_{えいが}は 何_{なん}ですか。

◎ お昼_{ひる} いっしょに 食_たべる人_{ひと} いる?

◎ 今日_{きょう} 勉強_{べんきょう}する 内容_{ないよう}は 動詞_{どうし}です。

2. 》》 〜ことが できる

◎ 私_{わたし}は 日本語_{にほんご}の 本_{ほん}を 読_よむことが できる。

◎ やがて 彼_{かれ}に 会_あうことが できました。

◎ この マンションでは ペットを 飼_かう ことが できない。

◎ まわりが うるさくて 寝ることが できません。

3. 》》 ～方が いい

◎ 毎日 運動するほうが いい。

◎ タバコは 早く やめるほうが いいです。

◎ 危ない 所には 行かないほうが いいけど。

◎ 食べ過ぎないほうが 体に いいと 思う。

4. 》》 ～しか ない

◎ 漢字は とにかく 覚えるしか ない。

◎ 慣れるまでは 何回も 練習するしか ない。

◎ できるだけ 正直に 話すしか ありません。

◎ 危険からは 自分で 自分の 身を 守るしか ない。

연습하기

1. 남을 괴롭히는 행동은 그만둡시다. (他人_{たにん} or 人_{ひと}、いじめる、行動_{こうどう}、止_やめる)

   ✓ _____

2. 슬픈 기억은 빨리 잊는 게 좋아요. (思_{おも}い出_で、早_{はや}く、忘_{わす}れる)

   ✓ _____

3. 저는 일본어로 편지를 쓸 수 있습니다. (手紙_{てがみ}、書_かく)

   ✓ _____

4. 이번 시합에서 그를 이길 수 있다고 생각합니다. (今度_{こんど}、試合_{しあい}、勝_かつ)

   ✓ _____

5. 이 부분의 내용을 잘 모르겠습니다. (部分_{ぶぶん}、内容_{ないよう}、よく、分_わかる)

   ✓ _____

6. 저는 바다에서 수영할 수 있습니다. (海_{うみ}、泳_{およ}ぐ or 水泳_{すいえい}する)

   ✓ _____

7. 이 문제는 어려워서 풀 수 없습니다. (問題_{もんだい}、難_{むずか}しい、解_とく)

   ✓ _____

8. 이제 그를 잊을 수밖에 없습니다. (もう、忘_{わす}れる)

   ✓ _____

9. 한밤중에는 밖에 나가지 않는 게 좋아요. (真夜中_{まよなか}、外_{そと}、出_でる)

   ✓ _____

10. 서툴어도 계속하는 수밖에 없어요. (下手_{へた}だ、続_{つづ}ける)

   ✓ _____

Q 잠깐 공부하기

「帰った方がいいです」와「帰る方がいいです」의 의미 차이는 무언가요?

1. 「동사 과거형た＋方がいい」: 말하는 사람이 적극적으로, 또는 듣는 사람에게 선택의 여지를 남기지 않고 자신의 의견이나 제안을 전할 때 사용한다.

   예 A: どうも風邪をひいたらしいんですが。

   　　B: 風邪なら早く帰って休んだほうがいいですよ。

   　　A: 私、いつも朝ご飯は食べないんです。

   　　B: そうなんだ。でも、体のためには朝ご飯はちゃんと食べたほうがいいわよ。

2. 「동사 기본형＋方がいい」: '어느 쪽이냐 하면'이라는 비교의 개념을 바탕으로 말하는 이의 선택을 전할 때 사용한다.

   예 A: さびしい部屋ですね。

   　　B: そうですね。絵ぐらいあるほうがいいですね。

   　　A: 映画でも見に行こうか。

   　　B: 込んでいるでしょう。家で寝ているほうがいいですよ。

※「동사 과거형た＋ほうがいい」및「동사 기본형＋ほうがいい」의 부정형은「~ないほうがいい」

   A: タバコははやく止めたほうがいいよ。

   B: そうですね。吸わないほうがいいですね。

8-2

ちりも 積もれば 山と なる。

○ 동사 가정형

1. ≫ 1단 동사 어간 + れば

- 野菜と くだものを たくさん 食べれば 体に いいです。
- 朝 2時間 早く 起きれば 人生が 変わる。
- 顔を 見れば すぐ 分かると 思います。

2. ≫ 5단 동사 어간 + 어미 「エ(e)」음 + ば

- ちりも 積もれば 山と なる。
- ボタンを 押せば ラーメンが 出ます。
- 右と 言えば 左。

3. ≫ する → すれば・くる → くれば

○ うわさを すれば 影が 差す。

○ 掃除すれば きれいに なる。

○ ここに 来れば 彼に 会うことが できます。

4. ≫ ～(れ)ば ～ほど

○ 会えば 会うほど あの 人に 魅力を 感じます。

○ 日本語は 勉強すれば するほど 面白くなる。

○ 家賃は 安ければ 安いほど いいんですけど。

○ まわりが 静かならば 静かなほど、勉強に 集中できます。

　　　　＝静かであれば 静かであるほど

5. ≫ ～も ～(れ)ば ～も する

○ 彼は 勉強も できれば 運動も できます。

○ ソウルは 物価も 高ければ 人口も 多い。

○ 友だちは 歌も 歌えば ダンスも 上手です。

○ 彼女は 社員としても 真面目ならば 母親としても 立派だ。

연습하기

1. 일본어는 천천히 이야기하면 알아들어요. (ゆっくり、話す、分かる)

   ✅ _____

2. 안경을 쓰면 작은 글씨도 보입니다. (眼鏡、かける、見える)

   ✅ _____

3. 1에 2를 더하면 3이 됩니다. (足す)

   ✅ _____

4. 봄이 오면 꽃이 핍니다. (春、咲く)

   ✅ _____

5. 친하면 친할수록 예의가 필요합니다. (親しい、礼儀、必要だ)

   ✅ _____

6. 비가 오면 소풍은 취소하겠습니다. (降る、ピクニック、取り消す)

   ✅ _____

7. 일본어는 공부하면 할수록 재미있어집니다. (勉強する、面白い)

   ✅ _____

8. 그는 요리도 잘하고 청소도 깨끗이 한다. (料理、できる、掃除)

   ✅ _____

9. 방도 좁고 집세도 비싸서 살기 힘들어요. (狭い、家賃、暮らす)

   ✅ _____

10. 자면 잘 수록 더 피곤합니다. (寝る、もっと、疲れる)

    ✅ _____

「そば」, 「よこ」, 「となり」의 차이를 가르쳐주세요.

1. **「そば(側)」** : 기본적으로는 「近く(근처)」의 의미와 같다. 전후좌우 상관없이 쓰이며 밀접해있지 않더라도 사용할 수 있다.

   예
   ```
   B  C
     A
   D  E
   ```
   ⒶのそばにはⒷやⒹ、Ⓔなどがあります。
   デパートは普通、駅のそばにあります。
   彼はいつも彼女のそばにいます。

2. **「よこ(横)」** : 가로로 놓여있는 경우, 바로 옆에 붙어있지 않더라도 사용할 수 있다.

   예 Ⓐ Ⓑ Ⓒ Ⓓ Ⓔ

   ⒶのよこにはⒷやⒹなどがあります。
   赤ちゃんはお母さんのよこにいます。
   トースターは冷蔵庫のよこにあります。

3. **「となり(隣)」** : 가로로 놓여있는 경우, 바로 옆에 붙어있을 때 사용할 수 있다.
   또한 같은 종류, 같은 계열, 혹은 비슷한 크기, 동격 등의 관계를 나타내는 데에 적합하다.

   예 Ⓐ Ⓑ Ⓒ Ⓓ Ⓔ

   ⒸのとなりにⒷとⒹがあります。
   一郎は次郎のとなりにいます。
   本屋は薬屋のとなりです。
   トースターは電気炊飯器のとなりにあります。

※ 冷蔵庫の[となり(△)、よこ(○)]にトースターがあります。(크기에 차이가 나므로)

9-1

タバコは さっさと 止めろ。

○ 동사 명령형

1. 》 1단 동사 어간 + ろ

- 早^{はや}く 起^おきろ。
- 私^{わたし}の 話^{はなし}を 信^{しん}じろ。
- 甘^{あま}い 考^{かんが}え方^{かた}は 捨^すてろ。
- タバコは さっさと 止^やめろ。

2. 》 5단 동사 어간 + 어미 「エ(e)」음

- この 本^{ほん}を 読^よめ。
- 正直^{しょうじき}に 言^いえ。
- ここに 名前^{なまえ}を 書^かけ。

◎ 這えば 立て、立てば 歩めの 親心。

---

3. ≫≫ **する → しろ(せよ) / 来る → こい**

◎ ちゃんと 勉強しろ。

◎ きれいに 掃除せよ。

◎ こちらへ 来い。

---

4. ≫≫ **〜に しろ(せよ)、〜に しろ(せよ)**

◎ 友だちに しろ 家族に しろ、みんな 私の 意見に 反対です。

◎ 勉強に しろ 運動に しろ、自分の 努力が 何より 大事です。

◎ 別れるに せよ 別れないに せよ、さっさと 決めなさい。

◎ 旅行に 行くに しろ 行かないに しろ、とにかく 連絡ください。

연습하기

1. 빨리 일어나. 지각한다. (起きる、遅刻する)

   ✅ _____

2. 기차 시간에 늦는다. 서둘러라. (汽車、間に合う、急ぐ)

   ✅ _____

3. 그런 나쁜 장난은 그만둬. (そんな、いたずら、止める)

   ✅ _____

4. 이쪽으로 천천히 와. (こちら、ゆっくり、来る)

   ✅ _____

5. 이제 돌아가. (もう、帰る)

   ✅ _____

6. 달려라, 메로스. (走る、メロス)

   ✅ _____

7. 잠깐 기다려. (ちょっと、待つ)

   ✅ _____

8. 친구와 놀기 전에 숙제해. (遊ぶ、宿題する)

   ✅ _____

9. 공부든 연애든 최선을 다해라. (恋愛、最善(or ベスト)を尽くす)

   ✅ _____

10. 기다리든 말든 네 마음대로 해. (待つ、勝手だ)

    ✅ _____

Q 잠깐 공부하기

사전에 「今度」의 의미가 '이번'과 '다음'으로 되어 있어 헷갈려요

1. 아주 최근(가까운 과거)에 일어난 일을 들어 말할 때. 이번

   예 今度の実験はうまくいきました。

      彼女が来なかったのは今度に限ったことではない。

2. 몇 번인가 이루어진 일 가운데 현재 이루어지고 있는 일을 들어 말할 때. 이번

   예 今度は君の番だから急いで。

      今度、会議の主題は「ゴミ問題」です。

3. 가까운 미래에 일어날 일을 들어 말할 때. 다음

   예 この頃、とても忙しいから、お酒は今度にしましょう。

      今度、日本にいくのが楽しみです。

9-2

明日から 早く 起きよう。

○ 동사 권유・의지형

1. 》 1단 동사 어간 + **よう**

- 明日^{あした}から 早^{はや}く 起^おきよう。
- もう 過去^{かこ}の ことは 忘^{わす}れよう。
- いっしょに ケーキ 食^たべよう。
- いい 方法^{ほうほう}を ゆっくり 考^{かんが}えよう。

2. 》 5단 동사 어간 + 어미 「**オ(o)**」음 + **う**

- まっちゃん、いっしょに 遊^{あそ}ぼう。
- する こと ないし、本^{ほん}でも 読^よもう。
- もう こんな 時間^{じかん}。そろそろ 帰^{かえ}ろう。

◎ おかあさんの 誕生日 プレゼントを 買おう。

---

3. 》 **する → しよう・くる → こよう**

◎ 久しぶりに 部屋の 掃除を しよう。

◎ 暇つぶしに ゲームでも しようかな。

◎ 来週、また 遊びに 来よう。

---

4. 》 **〜(よ)うと 思う**

◎ もう タバコは 止めようと 思います。

◎ 時間が あるか どうか、彼に 聞こうと 思います。

◎ 1年間 日本で ワーキングホリデーしようと 思います。

연습하기

1. 일본인 친구와 사귀어야지. (付き合う)

　✅ _____

2. 영화 보러 가자. (映画、見る)

　✅ _____

3. 세상에서 제일 맛있는 빵을 만들어야지. (世界、作る)

　✅ _____

4. 덥네. 맥주라도 마시자. (暑い、ビール、飲む)

　✅ _____

5. 일본어 공부를 시작하자. (始める)

　✅ _____

6. 매일 아침 1시간 정도 운동해야지. (毎朝、運動する)

　✅ _____

7. 다음 주에 일본어능력시험을 보려고 합니다. (来週、日本語能力試験、受ける)

　✅ _____

8. 머리가 아파서 오늘은 일을 쉬려고 합니다. (痛い、仕事、休む)

　✅ _____

9. 평소에 물을 많이 마시려고 한다. (日頃、水、飲む)

　✅ _____

10. 친구와 함께 일본에 가려고 합니다. (友だち、行く)

　✅ _____

Q 잠깐 공부하기

「習う」, 「勉強する」, 「学ぶ」의 차이를 알려주세요.

1. 「習う」: 배운 대로 연습하고 방법을 익힌다는 뜻. 누군가에게 직접 지도받는다는 의미가 강하다. 기술 중심 ≒教わる

   예 今日は「習う」と「学ぶ」の違いについて習った。

   娘からメールの送り方を習う。

   最近、三味線を習っています。(샤미센 타는 법, 혹은 만드는 법을 배우다)

2. 「勉強する」: 지식을 깊게 하거나 자격을 취득하기 위해 학력이나 능력, 기술 등을 몸에 익히는 일. 결과에 도달할 때까지의 학습, 연구, 훈련의 과정

   예 日本語を勉強する(＝習う)

   バイオリンを勉強するため、フランスへ留学する。

   彼は毎日、夜おそくまで勉強している。

3. 「学ぶ」: 체계화된 것을 그대로 자신의 것으로 삼는다. 추상적인 것이나 교육과 상관없는 것으로부터 진리나 인생관 등을 체득한다는 때도 사용한다. 지식 중심

   예 成功だけではなく、失敗からもいろんなことを学ぶ。

   国際会議を通じてマナーを学んだ。

   三味線について学ぶ。(샤미센의 구조, 음양, 이론 등에 대하여 배우다)

10-1

映画を 見てから コーヒーを 飲みました。

○ 동사 て형(音便_{おんびん})

1. ≫ 동사 て형 만들기

종류	て형	예문
1단	어미 る+て	見_みる→見_みて　起_おきる→起_おきて　落_おちる→落_おちて 食_たべる→食_たべて　寝_ねる→寝_ねて　教_{おし}える→教_{おし}えて
5단	어미 く+いて	書_かく→書_かいて　聞_きく→聞_きいて　歩_{ある}く→歩_{ある}いて
	어미 ぐ+いで	泳_{およ}ぐ→泳_{およ}いで　急_{いそ}ぐ→急_{いそ}いで　脱_ぬぐ→脱_ぬいで
	어미 う、つ、る+って	買_かう→買_かって　言_いう→言_いって　使_{つか}う→使_{つか}って 立_たつ→立_たって　待_まつ→待_まって　持_もつ→持_もって 降_ふる→降_ふって　走_{はし}る→走_{はし}って　知_しる→知_しって
	어미 ぬ、む、ぶ+んで	死_しぬ→死_しんで　飲_のむ→飲_のんで　休_{やす}む→休_{やす}んで 読_よむ→読_よんで　遊_{あそ}ぶ→遊_{あそ}んで　呼_よぶ→呼_よんで
	어미 す+して	話_{はな}す→話_{はな}して　試_{ため}す→試_{ため}して　目_めざす→目_めざして
	※ 예외 行_いく→行_いって	
변격	する→して	運動_{うんどう}する→運動_{うんどう}して　散歩_{さんぽ}する→散歩_{さんぽ}して
	来_くる→来_きて	遊_{あそ}びに 来_くる→遊_{あそ}びに 来_きて

2. ≫ 〜て、〜する

◎ シャワーを 浴びて 30分ほど 昼寝を します。

◎ テレビを 見て 彼が 俳優だと いう ことを 知りました。

◎ 彼に 会って 詳しい 事情を 聞こうと 思います。

◎ 友だちと 電話で おしゃべりを して 11時ごろ 寝ました。

3. ≫ 〜てから

◎ 映画を 見てから コーヒーを 飲みました。

◎ 彼とは いっしょに 食事を してから 別れました。

◎ レポートを 書いてから 散歩に 出かけました。

◎ 朝 起きて 顔を 洗ってから ご飯を 食べます。

연습하기

1. 그녀를 만나고 나서 그의 사고방식은 변했습니다. (会う、考え方、変わる)

   ✅ _____

2. 집에 돌아가서 목욕을 한 다음, 음악을 들었습니다. (帰る、お風呂に入る、音楽)

   ✅ _____

3. 수업이 끝나고 나서 아르바이트하러 갑니다. (授業、終わる、バイト)

   ✅ _____

4. 준비운동을 하고 나서 풀에 들어갑니다. (準備運動、プール、入る)

   ✅ _____

5. 친구의 이야기를 듣고 그 휴대전화는 사지 않았습니다. (話、ケータイ、買う)

   ✅ _____

6. 병원에 간 다음 약국에서 감기약을 받았습니다. (薬屋、風邪薬、もらう)

   ✅ _____

7. 표를 사고 나서 줄을 섰습니다. (チケット、並ぶ)

   ✅ _____

8. 졸업하고 취직하려고 합니다. (卒業、就職)

   ✅ _____

9. 일본인은 밥그릇을 손에 들고 밥을 먹는다. (茶碗、手に持つ)

   ✅ _____

10. 도서관에 가서 리포트에 필요한 책을 빌립니다. (図書館、レポート、借りる)

   ✅ _____

Q 잠깐 공부하기

「メモを見ながら話す」와「メモを見て話す」의 차이는 뭐예요?

1. 「A ～ながら B する」: A와 B가 동시에 이루어진다.

   예 メモを見ながら話しているので、顔が見えない。

   笑いながらこちらへ来る人、誰?

   彼は音楽を聞きながら勉強する。

   本を読みながら食べるのはマナーとしてはよくない。

2. 「A ～て B する」: A는 B가 이루어지는 모양이나 상태, 수단 등을 나타낸다.

   예 メモを見て話すのはいいですが、読むのは止めてください。

   音楽のイントロを聞いて、曲名を当てる。

   日本人は茶碗を手に持ってご飯を食べます。

   フランス料理の食べ方が分からないので、本を読んで習っています。

※ 행위자가 같지 않을 경우.

   예 田中さんは遅くまで勉強しながら、山田さんは遅くまでテレビを見ている。(×)

   田中さんは遅くまで勉強して、山田さんは遅くまでテレビを見ている。(○)

10-2

片思いを した ことが ありますか。

○ 동사 た형

1. ≫ 동사 た형 만들기

종류	た형	예문
1단	어미 る + た	見る→見た　起きる→起きた　落ちる→落ちた 食べる→食べた　寝る→寝た　教える→教えた
5단	어미 く + いた(だ)	書く→書いた　聞く→聞いた　歩く→歩いた
	어미 ぐ + いた(だ)	泳ぐ→泳いだ　急ぐ→急いだ　脱ぐ→脱いだ
	어미 う、つ、る + った	買う→買った　言う→言った　使う→使った 立つ→立った　待つ→待った　持つ→持った 降る→降った　走る→走った　知る→知った
	어미 ぬ、む、ぶ + んだ	死ぬ→死んだ　飲む→飲んだ　休む→休んだ 読む→読んだ　遊ぶ→遊んだ　呼ぶ→呼んだ
	어미 す + した	話す→話した　試す→試した　目ざす→目ざした
	※ 예외 行く → 行った	
변격	する → した	運動する→運動した　散歩する→散歩した
	来る → 来た	遊びに 来る→遊びに 来た

2. 》》 ～た 後

○ 食事を した 後、必ず 歯を 磨く。

○ 映画を 見た 後、カフェに 行きましょう。

○ ご飯を 食べた 後、散歩に 出かけました。

3. 》》 ～た ことが ある

○ 片思いを した ことが ありますか。

○ バイトで 家庭教師を した ことが ある。

○ まだ 日本へ 行った ことが ありません。

4. 》》 ～たり、～たり

○ 休みの 日は 映画を 見たり 買い物を したり します。

○ ここは 子どもが 本を 読んだり 勉強したり する 部屋です。

○ カラオケで 歌ったり 踊ったり しながら 楽しい 時間を 過ごした。

○ 最近 天気が 寒かったり 暑かったり 気温の 変化が はげしい。

연습하기

1. 어릴 때 이 동네에서 산 적이 있다. (小さい、頃 or 時、町、住む)

   ✅ _____

2. 헤어진 후에도 그를 잊은 적은 없습니다. (別れる、忘れる)

   ✅ _____

3. 고등학교 때, 일본어를 배운 적이 있습니다. (高校時代、習う)

   ✅ _____

4. 청소를 한 후 낮잠을 잤다. (掃除、昼寝をする)

   ✅ _____

5. 일본어 능력 시험을 본 적이 있습니까? (日本語能力試験、受ける)

   ✅ _____

6. 엄마에게만 알리고 혼자서 여행을 떠났다. (知らせる、一人で、旅に出る)

   ✅ _____

7. 아이들은 싸우기도 하고 화해하기도 하면서 친해진다. (ケンカする、仲直りする)

   ✅ _____

8. 한가할 때는 책을 읽거나 음악을 듣거나 합니다. (暇だ、音楽、聞く)

   ✅ _____

9. 동생은 공부를 하는 둥 마는 둥, 제멋대로입니다. (弟、自分勝手だ)

   ✅ _____

10. 술을 마신 다음 날은 머리가 아프거나 배탈이 나거나 합니다. (翌日、お腹を壊す)

   ✅ _____

「東京タワーへ 行きましたか」와 「東京タワーへ 行ったことが ありますか」의 의미 차이를 가르쳐 주세요?

1. 과거의 한 시점에 관한 질문인 경우

   예 A : あの 時、東京タワーへ 行きましたか。(3년 전 이야기)

   B : はい、行きました。/ いいえ、行きませんでした。(안 갔어요)

2. 현재까지 완료를 묻는 말인 경우

   예 A : (もう) 東京タワーへ 行きましたか。(간 적이 있을 수도 있다고 예상되는 경우)

   B : はい、行きました。/ いいえ、まだ 行っていません。(아직, 못 갔어요)

3. 현재까지 경험한 것을 묻는 경우

   예 A : 東京タワーへ 行った ことが ありますか。

   B : はい、行った ことが あります。/ いいえ、行った ことが ありません。

   (못 가봤어요)

※ 「~た ことが ある」는 '어느 정도 예상되는 일'이라는 제한이 없으므로 불가능한 일에도
자유로이 사용할 수 있다.

   예 あなたは 神様に 会った ことが ありますか。(○)

   あなたは 神様に 会いましたか。(?)

11-1

窓を 開けても いいですか。

○ 허가

1. ≫ 명사 · 형용동사 어간 + でも いい(かまわない · 大丈夫だ)

○ A: お飲み物、コーヒーでも いいですか。

   B: ええ、コーヒーで いいです。

○ 名前を 書くのは 鉛筆でも かまわない。

○ 日本語が 下手でも 大丈夫です。誰でも 参加できます。

○ 家賃が 安ければ 交通が ちょっと 不便でも かまいません。

2. ≫ 형용사 어간 + くても いい(かまわない · 大丈夫だ)

○ 部屋は すこし 狭くても いいです。

○ 療は 学校から 近くなくても いいです。

◎ 夜遅くても 大丈夫です。いつでも お電話ください。

◎ プレゼントは 高くなくても かまいません。心が 大事です。

3. ≫ 동사 て형 + も いい(かまわない・大丈夫だ)

◎ 答えは 鉛筆で 書いても いいです。

◎ ちょっと 窓を 開けても いいですか。

◎ 雨が 上がれば 外で 遊んでも かまいません。

◎ この ノートパソコンを 使っても 大丈夫ですか。

연습하기

1. 파티에 친구를 데려가도 괜찮습니까? (パーティー、つれていく)

   ✅ _____

2. 아직 시간은 충분해요. 서두르지 않아도 됩니다. (十分だ、急ぐ)

   ✅ _____

3. 이곳에 주차해도 되나요? (駐車する or 車を止める)

   ✅ _____

4. 겉모습은 예쁘지 않아도 괜찮아요. 알맹이가 중요합니다. (外見、中身)

   ✅ _____

5. 내키지 않으면 그를 만나지 않아도 됩니다. (気が進む、会う)

   ✅ _____

6. 도장이 없으면 사인해도 상관없어요. (はんこ、サイン)

   ✅ _____

7. 먼저 돌아가도 괜찮겠습니까? (先に、帰る)

   ✅ _____

8. 성적이 좋지 않아도 괜찮아요. (成績、よい)

   ✅ _____

9. 시험을 치를 때 사전을 찾아도 됩니다. (試験を受ける、辞書を引く)

   ✅ _____

10. 텔레비전을 꺼도 괜찮을까요? (テレビ、消す)

   ✅ _____

Q 잠깐 공부하기

「結構」의 뜻을 정리해 주세요.

1. 바람직하고 좋은 모양. ≒ すばらしい、見事(Wonderful)

   예 先日はけっこうな物をありがとうございました。

   A : 料理の味はいかがでしょうか。

   B : けっこうです。

2. 만족, 혹은 승낙(No problem)

   예 (医者)もう退院してけっこうです。

   A : これでよいでしょうか。

   B : ええ、けっこうです。

   A : あの、ちょっと窓を開けてもいいですか。

   B : ええ、けっこうですよ。

3. 제안 등에 대한 거절, 필요 없음(No thank you)

   예 A : もう少しいかがですか。

   B : いえ、もうけっこうです。

   A : 駅まで送りましょうか。

   B : けっこうです。一人で行けますから。

4. (예상보다) 꽤, 상당히 ≒ かなり、なかなか(Quite)

   예 父が作った料理はけっこうおいしい。

   こんな小さい子でもけっこう役に立つんですよ。

   彼は最近、けっこう忙しいみたいね。

11-2

ここに 車を 止めては ならない。

○ 금지

1. ≫ 명사·형용동사 어간 + では いけない(ならない · だめだ)

- 答^{こた}えは 鉛筆^{えんぴつ}では いけない。
- 朝^{あさ}ごはんは お肉^{にく}では だめです。
- 作文^{さくぶん}は 簡単^{かんたん}では ならない。
- 交通^{こうつう}が 不便^{ふべん}では いけません。

2. ≫ 형용사 어간 + くては いけない(ならない · だめだ)

- 朝^{あさ}、遅^{おそ}くては ならない。早^{はや}く 来^きてね。
- 部屋^{へや}は 駅^{えき}から 遠^{とお}くても 狭^{せま}くては いけない。
- 映画^{えいが}が つまらなくては なりません。

◎ みんなが 使う 教室は 汚くては だめです。

3. 》 동사 て형 ＋ は いけない(ならない・だめだ)

◎ ここに 車を 止めては ならない。

◎ 芝生に 入っては なりません。

◎ 風邪の 時、お酒を 飲んでは いけません。

◎ 赤い ボールペンで 名前を 書いては だめです。

4. 》 〜なければ ならない(いけない)

◎ ビールは 冷たくなければ いけない。

◎ 何が あっても 約束は 守らなければ ならない。

◎ 学生は 何より 真面目でなければ なりません。

◎ 明日までに レポートを 出さなければ いけません。

연습하기

1. 거짓말을 해서는 안 됩니다. (うそを つく or 言^いう)

   ✅ _____

2. 다른 사람에게 폐를 끼쳐서는 안 됩니다. (人^{ひと}、迷惑^{めいわく}を かける)

   ✅ _____

3. 온종일 놀아서는 안 된다. (一日中^{いちにちじゅう}、遊^{あそ}ぶ)

   ✅ _____

4. 선물은 비싸면 안 됩니다. (プレゼント、高^{たか}い)

   ✅ _____

5. 동물을 괴롭혀서는 안 됩니다. (動物^{どうぶつ}、いじめる)

   ✅ _____

6. 요리사는 손이 깨끗해야만 합니다. (シェフ、きれいだ)

   ✅ _____

7. 기숙사는 학교에서 가깝지 않으면 안 된다. (寮^{りょう}、近^{ちか}い)

   ✅ _____

8. 학생은 열심히 공부해야만 합니다. (いっしょうけんめい or 熱心^{ねっしん}に、勉強^{べんきょう}する)

   ✅ _____

9. 수업 중에는 휴대전화의 전원을 꺼야만 합니다. (授業中^{じゅぎょうちゅう}、電源^{でんげん}、消^けす)

   ✅ _____

10. 늦으면 반드시 선생님에게 연락해야만 합니다. (遅^{おく}れる、必^{かなら}ず、連絡^{れんらく})

   ✅ _____

「～んです」는 어떤 경우에 많이 쓰는지 궁금해요.

1. 의문문일 경우

1) 「暑いですか」: 상대가 더운지 어떤지에 대해 전혀 모르는 상태에서 묻는 경우

「暑いんですか」: 상대가 겉옷을 벗는다거나 창을 열거나 하는 모습을 보면서 그 이유를 짐작해서 상대에게 확인하는 경우

2) 「大学へ行きますか」: 상대에 관한 정보를 모르는 상태에서 묻는 경우

「大学へ行くんですか」: 상대가 수험공부를 하거나 대학 안내서를 읽고 있는 모습을 보면서 자신의 추측을 상대에게 확인하기 위해 질문하는 경우

3) 「昨日は何をしましたか」: 단순히 어제 어떻게 지냈는지에 관한 질문

「昨日は何をしたんですか」: 상대가 피곤해 보이거나 여느 때와 다르다고 느꼈을 때 할 수 있는 질문. 즉, 무언가 질문의 전제가 되는 상태나 상황이 있고 그에 대해 이유를 알고 싶거나 구체적인 흥미 등을 가지고 질문할 경우

2. 평서문일 경우

1) 회화 앞머리에 「～んです」는 이제부터 이야기하고 싶은 기분을 표현한다.

예 A : 昨日、新宿へ行ったんです。

B : そう。(それで?)

A : そしたら、ばったりと木村に会ったんです。彼、ある女性といっしょで…

2) 자신의 기분, 심정 등을 이해받거나 설명하고 싶은 기분을 강하게 어필한다.

예 朝から頭が痛いんです。

食欲がないんです。

A : どうして遅くなったんですか。

B : 電車の事故があったんです。

12-1

今日は 風邪で 学校を 休みました。

○ 원인 · 이유(1)

1. 》 명사 · 형용동사 어간 + で

- 今日_{きょう}は 風邪_{かぜ}で 学校_{がっこう}を 休_{やす}みました。
- 大雪_{おおゆき}で 電車_{でんしゃ}が ぴたっと 止_とまりました。
- この 部屋_{へや}は 静_{しず}かで とても いいですね。
- あの 学生_{がくせい}は 真面目_{まじめ}で 欠席_{けっせき}した ことが ない。

2. 》 형용사 어간 + くて

- 駅_{えき}から 近_{ちか}くて 家賃_{やちん}が 高_{たか}いです。
- スチロフォームは 軽_{かる}くて 水_{みず}に 浮_うきます。
- 漢字_{かんじ}は 難_{むずか}しくて 覚_{おぼ}えるのに 時間_{じかん}が かかる。

◎ 今年の 夏は むし暑くて 勉強が できませんでした。

3. 》 동사의 て형

◎ ミルクは 午前中に 全部 売れて 残りは ありません。

◎ 友だちとの 約束を うっかりしてしまって 大変でした。

◎ 熱心に 勉強しようと 思って 毎日 図書館に 通った。

◎ 難しい テストだったが、合格できて よかったと 思います。

◎ 조사 「で」의 쓰임

의미	예문
①~에서(장소)	運動場で 学生たちが サッカーを している。
②~로(수단)	学校までは バスで 行きます。
③~해서(원인)	日本語が 好きで 日本語の 先生に なりました。
④~이고(열거)	彼は 真面目で、やさしい 学生です。
⑤~에(한도, 범위)	これ、全部で いくらですか。

연습하기

1. 그는 사고로 가벼운 상처를 입었습니다. (事故、けがをする)

   ✅ _____

2. 마라톤 대회로 현재 정체입니다. (マラソン大会、現在、渋滞)

   ✅ _____

3. 그 코트는 너무 비싸서 포기하였다. (コート、高すぎる、諦める)

   ✅ _____

4. 선생님은 상냥해서 모두에게 인기가 있습니다. (人気)

   ✅ _____

5. 바빠서 당신을 만날 수 없어 유감입니다. (忙しい、会う、残念だ)

   ✅ _____

6. 이 빵은 맛있어서 자주 사러 옵니다. (おいしい、よく、買う)

   ✅ _____

7. 두부는 콩으로 만듭니다. (豆腐、豆、作る)

   ✅ _____

8. 모처럼 함께 공원으로 산책하러 가지 않을래요? (久しぶりに、公園、散歩)

   ✅ _____

9. 요즈음 감기는 좀처럼 낫지 않아서 큰일이에요. (このごろ、なかなか、治る)

   ✅ _____

10. 지진 때문에 일본으로 여행하는 사람이 줄었습니다. (地震、旅行する、減る(5단))

    ✅ _____

Q 잠깐 공부하기

「まで」와「までに」는 어떻게 달라요?

1. 「まで」: 일정 시간 동안 상황이 지속, 혹은 계속되는 경우

   예 朝から晩まで熱心に働く。

   私が帰るまでここで待ってください。

   卒業するまでずっとバイトしなければなりません。

2. 「までに」: 일정 시간 안에 상황이 완료되는 경우

   예 お母さんが帰るまでに、掃除をしておかなければならない。

   明日までに本を返してください。

   私が帰るまでに宿題を済ませてね。

12-2

コーヒーは 熱いので ご注意ください。

○ 원인 · 이유(2)

1. 》 から : 주관적 행위에 대한 이유

○ 暑いから 窓を 開けましょう。

○ おいしい ケーキだから つい 食べ過ぎてしまう。

○ この パンは 母が 好きだから よく 買いに 来ます。

○ 彼を 信じるから もう 少し 待ってみようと 思う。

2. 》 ので : 객관적 이유

○ コーヒーは 熱いので ご注意ください。

○ すみません。用事が あるので 先に 失礼します。

○ バスより 便利なので よく 地下鉄を 利用しています。

◎ この ことは 秘密なので 誰にも 言っては なりません。

※ 문장 끝에는 「から」만 쓰인다.

◎ お昼を 食べないのは おなかが 痛い{から(○) / ので(×)}です。

◎ 彼に 会ったのは 事実を 知った{から(○) / ので(×)}です。

3. ≫ ため(に)

1)〜 때문에

◎ 雨の ため、試合は 中止に なりました。

◎ この 魚は 新鮮な ために 値段が 高いです。

◎ 明日 試験を 受けるため、みんな 熱心に 勉強しています。

※ 부정적인 의미로 사용될 경우는 「せいで」

◎ あなたの {せいで(○) / ために(△)} あの 二人は 別れてしまった。

2)〜(을)를 위하여

◎ あなたの ために わざわざ 料理を 作ったのですけど。

◎ 結婚する ための お金を 親から もらうのは 恥ずかしい。

◎ みんなが 集まる ためには もっと 広い 場所が 必要です。

연습하기

1. 일본인과 자유롭게 이야기하기 위하여 일본어를 배운다. (自由、話し合う、習う)

  ✅ _____

2. 그녀는 아름다운 탓에 오히려 불행해졌습니다. (かえって、不幸だ)

  ✅ _____

3. 내일은 쉬니까 늦잠을 자도 된다. (休み、朝寝坊をする)

  ✅ _____

4. 눈이 나빠서 안경을 씁니다. (眼鏡をかける)

  ✅ _____

5. 어젯밤 과음해서 머리가 아프다. (夕べ、飲みすぎる)

  ✅ _____

6. 좋아하니까 신경 쓰이는 건 당연하다고 생각합니다. (気になる、当たり前)

  ✅ _____

7. 오늘은 볼일이 있어 바쁘니까 다음에 만납시다. (用事、忙しい、今度)

  ✅ _____

8. 나라를 위해서 희생한 분들을 기억합시다. (犠牲する、方々、覚える)

  ✅ _____

9. 주변이 시끄러운 탓에 공부에 집중할 수가 없습니다. (まわり、うるさい、集中)

  ✅ _____

10. 모두가 기다리고 있으니 서둘러 나와 주세요. (みんな、急ぐ、出る)

  ✅ _____

Q 잠깐 공부하기

「風邪をひかないように」와「風邪をひかないために」는 어떻게 다른가요?

1. 「~ために」: '~을 위해서'의 뜻. 긍정적이고 목적 지향적이기 때문에 보통 동사의 현재 긍정에 접속한다.

例 成功するために努力する。

日本語が上手になるために、いっしょうけんめい勉強する。

お金をためるためにバイトをする。

2. 「~ないように」: '~하도록'의 의미. 목적보다는 방어, 혹은 예방의 뜻을 나타낸다.

例 失敗しないように慎重に行動する。

試合で負けないように神様に祈る。

風邪をひかないように果物をたくさん食べる。

※ 목적 지향일 경우는 「ないために」, 방어 지향일 경우는 「~ないように」

例 太らないためにエアロビクスをする。/ 太らないように甘い物を控える。

忘れないために繰り返し練習する。/ 忘れないようにメモする。

風邪をひかないために(ジョギングをして体を鍛える。

/ 栄養のあるものを食べる)

風邪をひかないように (厚いセーターを着る / マスクをする

/ 家に帰ったら必ず手を洗う)

13-1

部屋の 窓が 開いています。

○ 진행과 상태(1)

1. ≫ ～が 자동사 て형＋いる : ～해 있다 (단순 상태)

○ 部屋の 窓が 開いています。

○ ホテルの 前に 車が 止まっている。

○ 誰も いない 教室に 電気が ついている。

○ 引き出しに 彼から もらった 手紙が 入っている。

○ 大勢の 人が 集まっていますね。何か あったんですか。

○ 日本から まだ 荷物が 届いていません。

2. ≫ ～を 타동사 て형＋いる : ～하고 있다(동작의 진행)

○ ホテルの 前に 車を 止めている。

◎ 風が 強いのに 妹は 窓を 開けています。

◎ 引き出しに 彼から もらった 手紙を 入れている。

◎ 学生が 授業の 前に 教室の 電気を つけている。

◎ 大勢の 人を 集めていますね。これから 何か あるんですか。

※ 자/타동사 주요 단어

자동사	타동사	자동사	타동사
止まる	止める	入る	入れる
閉まる	閉める	立つ	立てる
集まる	集める	出る	出す
決まる	決める	並ぶ	並べる
始まる	始める	起きる	起こす
曲がる	曲げる	上がる	上げる
かかる	かける	下がる	下げる
開く	開ける	終わる	終える
落ちる	落とす	散る	散らす
伝わる	伝える	消える	消す
教わる	教える	付く	付ける
残る	残す	返る	返す

연습하기

1. 문에 자물쇠가 잠겨 있네요. (ドア、鍵かぎ、かかる)

   ✔ _____

2. 지금 그는 그녀에게 전화를 걸고 있습니다. (電話でんわを かける)

   ✔ _____

3. 그녀 방의 전기는 꺼져있습니다. (電気でんき、消きえる)

   ✔ _____

4. 선생님과 이야기하고 있는 학생은 누구예요? (話はなす)

   ✔ _____

5. 나는 기무라씨에게 한국어를 가르치고 있습니다. (教おしえる)

   ✔ _____

6. 형은 은행에 근무하고 있습니다. (兄あに、銀行ぎんこう、勤つとめる)

   ✔ _____

7. 역 앞에 높은 빌딩이 서 있습니다. (駅前えきまえ、ビル、建たつ)

   ✔ _____

8. 기숙사의 통금은 12시로 정해져 있습니다. (寮りょう、門限もんげん、決きまる)

   ✔ _____

9. 그녀는 10년이나 일기를 쓰고 있습니다. (日記にっき)

   ✔ _____

10. 그는 벌써 와 있어. 너도 빨리 와. (もう、来くる)

   ✔ _____

「見ませんでした」、「まだ見ていません」、「まだ見ません」은 어떻게 다른가요?

1. 영화 상영이 끝났을 경우

예 A: あの映画、ずいぶん話題になったけど、見ましたか。

B: いいえ、見ませんでした。(안 봤어요)

2. 영화가 아직 상영 중일 경우

예 A: あの映画、ずいぶん話題になっているけど、見ましたか。

B: ① いいえ、見ません。ホラー映画は好きじゃないんです。(안 볼 거예요)

② いいえ、まだ見ません。(아직 안 볼래요)

もう少しすいてから見ようと思っています。

③ いいえ、まだ見ていません。このごろ、ちょっと忙しくて。(아직 못 봤어요)

※「食べませんでした」「食べていません」「食べません」

예 A: ひるご飯、食べましたか。(오후 1시쯤)

B: ① いいえ、まだ食べていません。(○ 아직 못 먹었어요)

② いいえ、食べませんでした。(? 점심을 걸렀어요)

③ いいえ、食べません。ダイエット中ですから。(안 먹어요)

13-2

かべに 日本の 地図が はってある。

○ 진행과 상태(2)

1. 》 ～が 타동사 て형＋ある : ～해져 있다(동작의 주체가 암시된 상태)

○ ホテルの 前に 車が 止めてある。

○ かべに 日本の 地図が はってある。

○ 手紙には「さよなら」と 書いてありました。

○ コンサートの チケットは もう 予約してあった。

○ 風が 強いのに 窓が 開けてある。だれが 窓を 開けたの。

○ 大勢の 人が 集めてありますね。だれが 人々を 集めたんですか。

2. 》 ～している : ～ 하다(상태)

○ この ラーメンは さっぱりと しています。

◎ 彼女の 部屋は いつも きちんと していますね。

◎ ふつう アニメの キャラクターは 丸い 顔を して、大きい 目を
している。

3. 》》「〜て いる」の 유동적 해석

◎ A: ミナは 今日、赤い ワンピースを 着ています。

B: ミナは ロッカールームで 赤い ワンピースを 着ています。

◎ A: 庭に 落ち葉が 落ちている。

B: (窓際に 立って 外を 見ながら) あっ、落ち葉が 落ちている！

◎ A: 夜なのに 黒い サングラスを かけている あの 人は 誰ですか。

B: 今、あそこで 黒い サングラスを かけている 人は 誰ですか。

4. 》》「〜て いる(상태)」의 형태로만 쓰이는 동사

◎ 息子は 父親に 似ています。

◎ 私の 弟は もう 結婚しています。

◎ あなたは 彼の ことを 愛していますか。

◎ 彼女の 実力は クラスの 中で 一番 優れている。

◎ 山々が きれいに 聳えて いる。すばらしい 景色だね。

연습하기

1. 문에 자물쇠가 잠겨져 있네요. (ドア、鍵、かける)

   ✅ _____

2. 벽에 그녀의 그림이 붙어있습니다. (壁、絵、はる)

   ✅ _____

3. 테이블 위에 치즈 케이크가 놓여있네. (テーブル、チーズ、置く)

   ✅ _____

4. 청과물 가게에 과일이 진열되어있다. (八百屋、果物、並べる)

   ✅ _____

5. 그는 널찍한 운동장에서 달리기를 하고있다. (広々とする、ジョギング)

   ✅ _____

6. 바닥에 카펫이 깔려있었습니다. (床、カーペット、敷く)

   ✅ _____

7. 나는 외모는 아빠를 닮았지만, 성격은 엄마를 닮았다. (外見、似る、性格)

   ✅ _____

8. 길가에서 새끼 고양이를 주워 키우고 있습니다. (道ばた、拾う、飼う)

   ✅ _____

9. 친구는 무엇보다도 그림 실력이 뛰어납니다. (絵の才能、優れる)

   ✅ _____

10. 지금 현관에서 나오고 있는 사람이 모리씨입니다. (玄関、出る)

   ✅ _____

Q 잠깐 공부하기

「結婚しませんでした」, 「結婚していません」, 「結婚しません」은 어떻게 다른가요?

1. 과거의 어느 시점에 초점을 맞춘 경우

예 A : 彼女は結婚しましたか。 (그녀는 (그 당시) 기혼이었나요?)

B : ええ、結婚しました。

いいえ、結婚しませんでした。

2. 현재 상태를 묻는 경우

예 A : 彼女は結婚しましたか。 (그녀는 기혼입니까?)

B : ええ、結婚しています。

① いいえ、まだ結婚していません。 (미혼이에요)

② いいえ、結婚しません。 (독신주의예요)

14-1

毎日 1時間ぐらい 運動するつもりです。

○ 결정·예정·계획

1. 》 명사 + に する

◎ A: わたしは コーヒーに します。あなたは?

B: じゃ、ぼくは カフェラテに する。

◎ A: 智子の結婚パーティー、着物で 行く? それとも ドレスで 行く?

B: そうね。私、ドレスに しようと 思っているんだけど。

2. 》 동사 + つもり

◎ 毎日 1時間ぐらい ジムで 運動するつもりです。

◎ 日本語の 勉強の ために 電子辞典を 買うつもりです。

◎ わたしは 分からない 単語は ケータイで 調べるつもりです。

◎ ぼくも 紙の 辞書が あるから、電子辞典を 使うつもりは ありません。

3. ≫ 동사 + ことに する

◎ 明日、朝 早く 出発することに する。

◎ 冬休みに 先生を 訪ねることに しましょう。

◎ 彼とは もう 二度と 会わないことに しました。

◎ これ以上 バカな まねは しないことに した。

4. ≫ 동사 + ことに なる

◎ 一年間 日本で 働くことに なりました。

◎ あの 二人は いよいよ 結婚することに なった。

◎ たぶん その 計画は 取り消すことに なると 思う。

5. ≫ 동사의 た형 + つもりで : ~한 셈 치고

◎ 旅行に 行ったつもりで お金を 貯金しました。

◎ 残念ですが、映画は 見たつもりで 帰りましょう。

◎ 相手の 立場に なったつもりで よく 考えてから 発言してください。

연습하기

1. 올가을 그녀와 결혼하게 되었습니다. (結婚する)

    ✅ _____

2. 아직 시간이 있으니까 좀 더 기다려볼 작정입니다. (もう少し、待つ)

    ✅ _____

3. 졸업해도 선생님께 연락할 생각이다. (卒業する、連絡する)

    ✅ _____

4. 비가 와서 소풍은 연기하게 되었습니다. (ピクニック or 遠足、延期する)

    ✅ _____

5. 예산이 부족해서 그 공사는 그만두기로 했습니다. (予算、足りない、工事)

    ✅ _____

6. 그는 아직 담배를 끊을 생각이 없다. (止める、つもり)

    ✅ _____

7. 매일 일기를 쓰기로 했습니다. (日記をつける or 書く)

    ✅ _____

8. 잃어버린 셈 치고 그에게 돈을 빌려주었다. (無くす、貸す)

    ✅ _____

9. 저는 라면으로 하겠습니다. (ラーメン)

    ✅ _____

10. 이윽고 두 사람은 화해하기로 했습니다. (やがて、仲直りする)

    ✅ _____

Q 잠깐 공부하기
「必ず」와 「必ずしも」의 차이는 뭔가요?

1. 「必ず」 : 반드시, 꼭이라는 의미로 긍정문으로 끝난다.

   예 A : 彼、来るかな。

   B : 約束したから、必ず来ると思います。

   今度こそ必ず成功してみせます。

   あなたと会う時は必ず雨が降る。雨男ね。

2. 「必ずしも」 : '반드시~인 건 아니다'의 의미로 부정문을 수반한다.

   예 お金持ちだからと言って、必ずしも幸せだとは言えない。

   努力したとはいえ、必ずしも成功するとは限らない。

   高いものが必ずしも品質がいいとは思いません。

14-2

明日は 雪が 降るかもしれない。

○ 추측・단정

1. ≫ ～だろう・～でしょう

- たぶん 午後から 晴れるでしょう。
- 約束したから 彼は きっと 戻るだろう。
- A: 汽車の 時間に 間に合うでしょうか。

  B: さあ、大丈夫だろうとは 思いますけどね。

2. ≫ ～に ちがいない

- こんな ことを したのは あの 人に ちがいない。
- 彼女は 声が きれいだから 歌も 上手に 違いない。
- おいしい ものは 弟が 全部 食べたに ちがいないです。

◎ 彼は 人が いいから、おそらく 顔が 広いに 違いありません。

3. 》》 **〜かもしれない**

◎ 明日は 雪が 降るかも しれない。

◎ 作文の テストは 難しいかも知れません。

◎ もしかすると 彼は あなたの ことが 好きかも知れません。

◎ 彼の 話は 本当かもしれないし、本当じゃないかもしれない。

4. 》》 **はず : 〜일 것, 〜일터(당연)**

◎ 専門の 料理人が 作ったのだから おいしいはずです。

◎ 田中は 来ないはずだよ。出張だと 言っていたから。

◎ 妹は もう 家に 着いたはずですが、まだ 連絡が ありません。

◎ 真面目な 彼が そんな うそを つくはずが ない。

연습하기

1. 올겨울은 매우 추울 것이다. (寒い)

   ✅ _____

2. 오늘은 금요일이니까 신촌은 무척 떠들썩하겠지. (新村、賑やかだ)

   ✅ _____

3. 그녀가 그 사실을 알고 있을 리가 없습니다. (事実、知る)

   ✅ _____

4. 불이 켜져 있네. 방안에 누군가 있을지 몰라. (電気、つく、誰)

   ✅ _____

5. 그는 분명 일본에서 산 적이 있음이 틀림없어. (きっと、住む)

   ✅ _____

6. 벌써 돌아와 있을 텐데 남동생의 모습이 보이지 않습니다. (もう、姿、見える)

   ✅ _____

7. 이런 장난을 치는 사람은 아마 그 녀석이겠지요. (いたずらをする、たぶん、あいつ)

   ✅ _____

8. 거짓말을 하면 엄마는 분명히 화를 내겠지. (うそをつく or 言う、きっと、怒る)

   ✅ _____

9. 아마 그는 나를 만나러 이곳으로 올 겁니다. (おそらく、会う、はず)

   ✅ _____

10. 아마 다른 사람임이 분명해. 그가 그녀에게 프러포즈할 리가 없어.
    (他の人、プロポーズする)

    ✅ _____

Q 잠깐 공부하기

「~かもしれない」와 「~と思う」의 차이에 대해서 가르쳐주세요

1. 「~かもしれない」 : 어느 사태의 실현, 혹은 비실현의 가능성을 나타낸다.

   예 忙しいので、明日は来ないかもしれません。

   だれから電話がかかってきたのだろう。田中さんかもしれない。

   今夜はひどく冷えるな。明日は雪かもしれないよ。

2. 「~と思う」 : 모든 가능성을 종합하여 논리적으로 도출된 결과를 추측하여 대답할 때 사용된다.

   예 飛行機のチケットから見て、田中さんは日本へ帰ると思います。

   今までずっと彼がトップだったから、今回のトップも彼だと思う。

   A : 彼はパーティーに来るでしょうか。

   B : 来ないかもしれません。

   C : 約束したから、たぶん来ると思います。

15-1

将来、先生に なりたいです。

희망(일인칭)

1. ≫ ~が 동사 ます형+たい

○ ホット コーヒーが 飲みたい。

○ 将来、先生に なりたいです。

○ おなかが いっぱいなので、今は 何も 食べたくない。

○ 実は ホラー映画より アニメが 見たかったです。

2. ≫ ~が 명사+ほしい

○ かっこいい スニーカーが ほしい。

○ 家事を 手伝う ロボットが ほしいです。

○ 勉強の ために テブレットが ほしかった。

○ 何も ほしくありません。ただ あなたの 愛だけが ほしい。

3. 》》 **동사 ます형 + たいと 思う**

○ 今度こそ、必ず JLPTに チャレンジしたいと 思う。

○ 日本専門の 旅行会社で 働きたいと 思います。

○ 卒業後、日本で 仕事を 見つけたいと 思っています。

○ 退屈な スピーチは だれも 聞きたくないと 思います。

4. 》》 **동사 ない형 + かな(あ)**

○ いい 仕事が 見つからないかな。

○ ああ、宝くじでも 当たらないかな。

○ A: バス、なかなか 来ないね。

B: ほんとう、遅刻しちゃうよ。早く 来ないかなあ。

연습하기

1. 오늘은 집에서 음악이라도 들으면서 쉬고 싶다. (音楽、聞く、休む)

   ✅ _____

2. 올해는 마라톤에 도전해 보고 싶어요. (マラソン、チャレンジする)

   ✅ _____

3. 돈보다 당신의 응원을 원해요. (応援、ほしい)

   ✅ _____

4. 겨울 방학에 일본으로 여행하고 싶어요. (旅行)

   ✅ _____

5. 비 안 오려나. (왔으면 좋겠네) (雨、降る)

   ✅ _____

6. 좋은 사람을 만나고 싶습니다. (出会う)

   ✅ _____

7. 저는 통역사가 되고 싶습니다. (通訳士)

   ✅ _____

8. 일본어 작문에서 좋은 성적을 따고 싶습니다. (成績、取る)

   ✅ _____

9. 그에게 내 마음을 전하고 싶었습니다. (心、伝える)

   ✅ _____

10. 지금 뭐가 제일 갖고 싶어요? (何、一番)

    ✅ _____

Ｑ 잠깐 공부하기

「コーヒが飲みたい」와 「コーヒを飲みたい」의 차이는 뭐예요?

1. 일인칭 희망 표현 「~たい」의 대상을 나타낼 때, 조사 「が」 대신 「を」를 쓰는 경우

  1) '명사＋を＋동사'의 결합이 강하여 숙어로 쓰일 때

    예 今日こそ彼に電話をかけたい。

    今、掃除をしたい。

  ※ 新幹線に乗りたい。彼に会いたい。 등

  2) 대상이 사람일 경우

    예 今度のパーティーに花子さんを呼びたい。

  3) 복합표현일 때

    예 あの有名なカフェのコーヒーを飲んでみたい。

    みんなが来る前に、サンドイッチを食べてしまいたい。

  4) 대상이 되는 명사와 「~たい」가 떨어져 있을 때

    예 カフェでコーヒーを学校の友だちと飲みたい。

2. 다른 것이 아니라 바로 '그것'을 원한다는 의미일 때, 「が」를 쓰는 데에 비해 대상을 특정 짓지 않을 때는 「を」를 쓴다.

  예 A：トム・クルーズの映画のチケット、ありませんか。

  B：売り切れです。リチャード・ギアのチケットならありますが。

  A：私は、トム・クルーズの映画が見たいんです。

  A：今日、何をしましょうか。

  B：久しぶりに映画を見たいと思っているんですけど。

제15과 **희망**

15-2

子どもは 甘い ものを 食べたがる。

○ 희망(제삼자)

1. 》 동사 ます형 + たがる

○ 子_こどもは 甘_{あま}い ものを 食_たべたがる。

○ タクヤは 流行_{りゅうこう}する 服_{ふく}を 着_きたがって いる。

○ 友_{とも}だちは スペイン語_ごを 習_{なら}いたがっています。

○ いとこは あまり 日本_{にほん}へ 行_いきたがらない。

2. 》 명사 + ほしがる

○ 彼_{かれ}は 彼女_{かのじょ}の 助_{たす}けを ほしがっていました。

○ 仁美_{ひとみ}は ノートパソコンを ほしがっています。

○ 友_{とも}だちは ブランドバッグを ほしがっています。

◎ ふつう 女の子は ブルーより ピンク色を ほしがります。

3. 》 동사 ない형 + でしょうかな(ものか)

◎ 日本語が 上手に ならないものか。

◎ 早く 風邪が 治らないでしょうかな。

◎ いい 仕事が 見つからないでしょうかね。

◎ 自然エネルギーを 使う 時代が 来ないものか。

연습하기

1. 엄마는 휴가 때, 일본 온천에 가고 싶어 한다. (休み、温泉)

   ✅ _____

2. 친구는 새 휴대전화를 갖고 싶어 합니다. (ケータイ)

   ✅ _____

3. 그녀는 일본에 워킹 홀리데이하러 가고 싶어 합니다. (ウォーキングホリデー)

   ✅ _____

4. 할머니는 조용한 동네에서 살고 싶어 합니다. (町、住む)

   ✅ _____

5. 남동생은 당신을 만나고 싶어 하지 않습니다. (弟、会う)

   ✅ _____

6. 그녀는 당신의 선물을 원하고 있다. (彼女、プレゼント)

   ✅ _____

7. 친구는 경찰관이 되고 싶어 합니다. (警察官)

   ✅ _____

8. 아, 그가 나를 찾아오지 않을까. (訪ねる)

   ✅ _____

9. 오늘은 그녀에게서 연락이 오지 않을까. (連絡)

   ✅ _____

10. 좀 더 경기가 좋아지면 좋겠네. (景気)

   ✅ _____

Q 잠깐 공부하기

「食べたがる」와 「食べたがっている」는 같은 의미인가요?

현재 시점에서의 감정이나 감각을 나타낼 때는 「~がる」가 아니라 「~がっている」를 쓴다. 즉 「~がる」는 현 상태의 감정이나 감각을 전하지 못한다.

예 弟は自転車をほしがっている。

妹はヨーロッパへ行きたがっている。

大学に合格して、となりの娘さんはうれしがっている。

한편 「~がる」를 쓸 경우는, 일반적인 습관이나 미래를 나타낸다.

예 子供は新しいゲームソフトをほしがる。(애들은 대개 새것을 원하는 법이니까)

彼はいつもできそうもないことをやりたがる。(늘 그는 그래)

※ 말하는 사람 자신에 관해서도 「~がる」 표현이 쓰이기도 한다.

예 私がいくら悲しがっても取り合ってくれない。

母は私がほしがっていたものを買ってくれた。

16-1

弟に 誕生日の プレゼントを あげる。

○ 수수 표현(1)

1. ≫ **あげる(さしあげる) : 주다(드리다) (나 → 다른 이 · 다른 이 → 다른 이)**

- 弟に 誕生日の プレゼントを あげる。
- 私は 木村さんに 手作りの ケーキを あげた。
- 友だちは のら猫に 餌を あげました。
- 私は 先生に 日本の お土産を さしあげました。

2. ≫ **~てあげる(さしあげる)**

- おじいさんに キムチチゲを 作ってあげた。
- 私は 先生の かばんを 持ってあげました。
- 一つ、大事な 秘密を 教えてあげましょうか。

3. ≫ くれる(くださる) : 주다(주시다) (다른 이 → 나・다른 이 → 나와 가까운 사람)

○ 別れる 時、友だちは 私に 自分の 時計を くれた。

○ 田中さんは 妹に ピンク色の マグボトルを くれました。

○ 先生は 私に「白い恋人」という お菓子を くださった。

○ 陽子さんの お母さんは 友だちに お小遣いを くださいました。

4. ≫ ～てくれる(くださる)

○ 悪いけど そこの お塩、とってくれる?

○ 彼は おばあさんに 手紙を 読んでくれました。

○ 江川先輩は わたしが 困っている 時、いつも 助けてくれます。

○ 先生が 進路の 相談に のってくださいました。

연습하기

1. 형이 내게 용돈을 주었습니다. (お小遣い)

   ✔ _____

2. 밸런타인데이에 나는 그에게 초콜릿을 주었습니다. (バレンタインデー、チョコ)

   ✔ _____

3. 친구는 시즈카에게 한국 인형을 사주었다. (お人形)

   ✔ _____

4. 그가 준 선물을 지금도 소중히 간직하고 있다. (プレゼント、大事にする)

   ✔ _____

5. 나는 친구에게 직접 만든 쿠키를 주었습니다. (手作り、クッキー)

   ✔ _____

6. 그는 나를 위해 세 시간이나 기다려 주었다. (待つ)

   ✔ _____

7. 선생님은 학생들에게 샌드위치를 주셨습니다. (サンドイッチ)

   ✔ _____

8. 이 만화 보고 싶다고 했지? 너한테 줄게. (漫画)

   ✔ _____

9. 할아버지가 제게 할머니의 유품을 주셨습니다. (形見)

   ✔ _____

10. 내가 준 반지를 그는 잃어버리고 말았다. (指輪、無くす)

    ✔ _____

Q 잠깐 공부하기

「先生、お荷物、持ってさしあげます」는 어색한 문장인가요?

흔히 한국인 학습자가 한국어 '~해 드리다'에 해당하는 일본어를 「~てさしあげる」로 생각하여 「~てさしあげます」「~てさしあげましょうか」문형을 사용하는 경우가 많다. 그러나 이는 듣는 이에게 불필요한 친절을 강요받거나 말하는 이가 생색을 내는 느낌을 줄 우려가 있는 표현이므로 삼가는 것이 좋다.

만약 상대를 위한 배려에서 '~해 드리겠습니다', '~해 드릴까요?'라고 하고 싶은 경우에는 아래와 같이 겸양어를 사용하여 물어보는 것이 예의 바른 표현이라 할 수 있다.

예 선생님, 짐 들어드리겠습니다.

先生、お荷物、持ってさしあげます。(×)

先生、お荷物、お持ちしましょうか。(○)

도시락, 사다 드릴까요?

おべんとう、買ってきてさしあげましょう。(×)

おべんとう、買ってまいりましょうか。(○)

16-2

私は 彼女に 手作りの ケーキを もらった。

○ 수수 표현(2)

1. 》 **もらう : 받다(받는 사람 입장에서)**

◎ 私は 彼女に 手作りの ケーキを もらった。

》 彼女は 私に 手作りの ケーキを くれた。

◎ 友だちは 田中さんに 日本の お人形を もらいました。

》 田中さんは 友だちに 日本の お人形を あげました。

◎ 観光案内の パンフレットを もらうつもりです。

2. 》 **〜てもらう : 〜해 주다(〜해 받다)**

◎ 彼女は 彼に 指輪を 買ってもらいました。

》 彼は 彼女に 指輪を 買ってあげました。

◎ 彼は 先生に 推薦状を 書いてもらった。

　◎ 先生は 彼に 推薦状を 書いてあげた。

◎ 風邪なら 早く 医者に みてもらったほうが いいですよ。

◎ 後輩に 手伝ってもらったので、引っ越しは すぐ 終わった。

3. 》》 **いただく : もらう의 겸양어**

◎ 先生に 『ノルウェイの森』を いただいた。

◎ 社長に 感謝の お言葉を いただきました。

◎ 今年の正月、服部さんから 年賀状を いただきました。

4. 》》 **～ていただく : 「～てもらう」의 겸양 표현**

◎ となりの 方に 写真を 撮っていただきました。

◎ 先生に 進路の 相談に のっていただきました。

◎ 娘は 困っていた 時、彼に 助けていただきました。

연습하기

1. 밸런타인데이에 그에게 초콜릿을 주었습니다. (バレンタインデー、チョコ)

   ✅ 彼は_____

2. 여동생은 선생님에게 받은 선물을 자랑하였다. (プレゼント、自慢する)

   ✅ _____

3. 어머니는 아이에게 옛날 이야기책을 읽어 주었다. (昔話の本)

   ✅ 子どもは_____

4. 친구가 나를 병원에 데려가 주었습니다. (病院、つれていく)

   ✅ ① 友だちが_____

   ② 私は_____

5. 나는 어젯밤 남동생의 숙제를 도와주었다. (ゆうべ、宿題、手伝う)

   ✅ ① 私は_____

   ② 弟は_____

6. 그에게서 처음 받은 선물을 지금도 소중히 간직하고 있다. (はじめて、大事にする)

   ✅ _____

7. 선생님은 나의 행동을 칭찬해주셨습니다. (行動、誉める)

   ✅ ① 先生は_____

   ② わたしは_____

8. 한국에서는 친구끼리는 사주기도 하고 얻어먹기도 합니다. (友だち同士、おごる)

   ✅ _____

9. 선생님은 남동생에게 장난감을 사 주셨습니다. (おもちゃ)

   ✅ 弟は_____

10. 그는 그녀를 집까지 바래다주었다. (送る)

   ✅ 彼女は_____

「される」「受ける」「もらう」의 차이에 대하여 설명해 주세요.

「される」「受ける」「もらう」 모두 한국에로는 '명사＋받다'로 해석되는 경우가 많아 헷갈리는 경우가 많으니 주의해야 한다.

1. 「される」
   - (본인은 싫으나) 억지로, 혹은 일방적으로 행위를 당할 때
   - 동사화가 안 되는 단어에는 사용할 수 없다.
     예 賞、学位、補助金、報酬、資格、手紙 등＋される(×)

2. 「受ける」
   - 다가오거나 닥친 일을 받아 대응할 때
   - 자신의 의지가 포함된다. 의지가 들어갈 여지가 없는 단어는 「される」와 비슷하다.
     예 抗議、攻撃、侮辱、尊敬、差別、影響 등은 {される(○)/受ける(○)}

3. 「もらう」
   - 구체적인 물건, 혹은 무엇인가 남는 것을 받을 때
     예 電話、返事、通知、プレゼント、お金、賞、学位、補助金、報酬、
     資格、手紙、許可、援助、注文 등＋を もらう(○)

※ 오용 예 예문

・学校で賞をもらった。	受けた(○) / された(×)
・アメリカで学位をもらう。	受ける(○) / される(×)
・招待を受けて訪問した。	されて(○) / もらって(×)

・真夜中に電話をされて眠れなかった。	受けて(△) / もらって(×)
・国の補助金をもらう地方自治体。	受ける(○) / される(×)
・先生から注意を受けた。	された(○) / もらった(×)
・全国民から歓迎を受けた。	された(○) / もらった(×)
・待っていた人から電話をもらった。	受けた(○) / された(×)

羽鳥玲子『일본어 표현 이게 왜 틀려?』(시사일본어사, 2012)에서 인용

17-1

私が 戻るまで 待ってください。

○ 명령 · 부탁

1. 》 ~なさい

○ 手を きれいに 洗いなさい。

○ ほんとうの ことを 言いなさい。

○ 学校に 遅れるよ。早く 起きなさい。

○ 聞こえないよ。もっと 大きい 声で 答えなさい。

2. 》 ~てくれる?

○ あのう この 使い方、教えてくれる?

○ 悪いけど 明日の バイト、代わってくれ。

○ 買い物するんだけど、ちょっと 付き合ってくれない?

3. ≫ ～てください

○ 私が 戻るまで 待ってください。

○ ここで タバコを 吸わないでください。

○ 人の 悪口は 止めてくださいませんか。

4. ≫ ～てくださいますよう

○ みんなに よろしく 伝えてくださいますよう お願いします。

○ 支払いは 今月中に してくださいますよう お願いします。

○ 燃えない ゴミを 出す 日は 火・木です。

みんな 守ってくださいますよう お願いします。

연습하기

1. 자기 방은 자기가 정리하시오. (自分、自分で、片付ける)

   ✓ _____

2. 바쁘더라도 매일 한 시간 정도 산책이나 운동을 하시오. (忙しい、散歩、運動)

   ✓ _____

3. 미안한데 이사, 조금 도와주지 않을래? (引っ越し、手伝う)

   ✓ _____

4. 어려운 문제는 조금 가르쳐 주세요. (問題、教える)

   ✓ _____

5. 죄송합니다. 조금 자리를 좁혀주시지 않겠어요? (席をつめる)

   ✓ _____

6. 남에게 폐가 되는 행동은 하지 말아주세요. (迷惑をかける、行動)

   ✓ _____

7. 가능한 한 빨리 제게 연락주시기 바랍니다. (なるべく、早いうちに、連絡)

   ✓ _____

8. 이제 과거의 일로 괴로워하지 마세요. (もう、過去、苦しむ)

   ✓ _____

9. 아빠, 오늘은 엄마 생일이니까 일찍 들어오세요. (誕生日、帰る)

   ✓ _____

10. 학부모 회의에 출석해주시기 바랍니다. (父母会、出席)

    ✓ _____

Q 잠깐 공부하기

「人々」와 「人たち」는 같은 뜻인가요?

두 단어 모두 '사람들'이라는 복수의 의미를 지니지만 뉘앙스에서 약간 차이가 난다. 「人たち」는 단순히 '많은 사람'이라는 의미임에 비해 「人々」는 복수의 의미만이 아니라 '집단 속의 한 사람 한 사람'의 뜻을 나타낸다.

예 日本に来て、人たち(?)がとても親切なのを知りました。

そこにはぜんぶ偉い人たち(?)でした。

人々(○)の顔は喜びにあふれていました。

その村は、人々(○)が昔ながらの家に住み、生活しています。

あの国は貧しく、人々(○)の暮らしも楽ではなかった。

일본어는 단수, 복수의 구별이 엄밀하지 않아 때로는 단수의 형태로 복수의 의미를 나타내기도 한다.

예 観光地は人であふれています。

あそこは地元の人しか知らない。

子どもは普通、甘い物が好きでしょう。

男の子は思春期になると、声が変わる。

17-2

ぜひ 私を 信じていただきたい。

○ 의뢰, 정중한 부탁

1. 》》 ～てほしい

○ いつまでも 私の そばに いてほしい。

○ あなたにも 話を 聞いてほしいんですが。

○ お年寄を もっと 大切に してほしいと 思う。

2. 》》 ～てもらいたい

○ この 書類を 彼に 渡してもらいたい。

○ これから 話す ことを よく 聞いてもらいたいです。

○ お母さん、明日 お弁当 作ってもらいたいんだけど。

3. ≫ 〜てもらえませんか

◎ 悪いけど、ドアを 閉めてもらえませんか。

◎ 授業中は 勝手に 席を 立たないでもらえませんか。

◎ すみませんが ちょっと 相談に のってもらえないでしょうか。

4. ≫ 〜ていただきたい

◎ ぜひ 私を 信じていただきたい。

◎ すみません。すこし 手伝っていただきたいですが。

◎ あのう、ちょっと 道を 教えていただきたいんですけど。

5. ≫ 〜ていただけませんか

◎ この 本を 貸していただけませんか。

◎ もっと 大きい 声で 本を 読んでいただけませんか。

◎ 今度 キムチの 作り方を 教えていただけませんか。

연습하기

1. 열심히 노력해주었으면 합니다만. (努力する、~てほしい)

   ✅ _____

2. 부모님은 언제나 건강히 계셔주시면 합니다. (両親、元気でいる、~てほしい)

   ✅ _____

3. 내 이름을 불러 주었으면 합니다. (呼ぶ、~てもらう)

   ✅ _____

4. 언제까지나 저를 기억해주셨으면 좋겠습니다. (覚える、~ていただく)

   ✅ _____

5. 미안하지만 그 책을 건네주었으면 하는데요. (本、渡す)

   ✅ _____

6. 수업 중에 옆 사람과 떠들지 말아주세요. (授業中、となり、しゃべる)

   ✅ _____

7. 여기서 차를 세워주세요. (車、止める、~てほしい)

   ✅ _____

8. 조금 서둘러주시면 좋겠는데요. (すこし、急ぐ)

   ✅ _____

9. 자기 일에 최선을 다해주시면 좋겠습니다. (自分、最善(or ベスト)を尽くす)

   ✅ _____

10. 아이들이 일찍 자면 좋겠어. (寝る)

   ✅ _____

Q 잠깐 공부하기

「事故る」란 무슨 뜻인가요?

「起きる」「捨てる」「考える」처럼 동사에는 「~る」형태가 많은데, 이를 본떠 '사고가 나다'의 뜻으로 「事故」+「る」=「事故る」라는 단어가 만들어진 것이다. 이러한 새로운 형태의 동사는 주로 외래어에서 파생되는 경우가 많은데, 유행어의 범주를 벗어나 널리 정착되어 쓰이는 단어도 많다. 그러나 때에 따라서는 속어 또는 유행어의 느낌도 강하므로 어려운 자리나 공식적인 대화에서는 사용을 조심하는 것이 좋다.

예 メモる (メモする)

　　ミスる (ミスを起こす)

　　サボる (「サボタージュ」の「サボ」+る＝なまける)

　　デコる (デコレーションする、飾る)

　　ディスる (けなす、否定する)

　　タクる (タクシーを拾う、タクシーに乗る)

　　告る (告白する)

18-1

3月に なると 桜が 咲きはじめます。

○ 가정 표현(1)

1. ≫ と

1) 자연현상, 진리

- ◎ 6に 6を かけると 36に なる。

- ◎ 3月に なると 桜が 咲きはじめます。

- ◎ この 薬を 飲むと 熱が 下がります。

2) 습관

- ◎ 彼は お酒を 飲むと 口数が 多くなる。

- ◎ 朝 起きると まず ストレッチングを する。

- ◎ お金が あると つい 余計な ものを 買ってしまいます。

3) 기계 조작

◎ 玄関の 入口に 立つと 自動に ドアが 開きます。

◎ ボタンを 押すと アイスクリームが 出る 自販機も ある。

◎ この おもちゃは 電池を 入れないと 動きません。

※ 가정표현 「と」는 후술에 말하는 이의 의지, 희망, 명령, 의뢰 등의 표현이 올 수 없다.

◎ 春に なると 花見に 行こう。(×)

春に なったら 花見に 行こう。(○)

◎ 風邪が 治ると 外出したいです。(×)

風邪が 治ったら 外出したいです。(○)

4) と : 어떤 사실이 연달아 일어나는 것을 나타낼 경우는 '~하자', '~했더니' 의 의미

◎ 窓を 開けると 涼しい 風が 入ってきました。

◎ 本田さんに メールを 送ると すぐ 返事が きた。

◎ 朝 起きて 外を 見ると 雪が 積もっていた。

2. ≫ば

1) 진리, 추상적 이론, 습관

◎ 5に 1を 引けば 4に なる。

◎ 冬に なれば 雪が 降ります。

◎ 高ければ 買わないが、高くなければ 買います。

2) 속담, 관용구

◎ ちりも 積もれば 山と なる。

◎ 犬も 歩けば 棒に あたる。

◎ うわさを すれば 影が さす。

3) 후회, 유감, 충고

◎ もっと 勉強しておけば よかったのに。

◎ 勇気を 出して 正直に 話せば いい。

◎ 作文の 問題は すこし 易しければ いいけど。

※ 가정표현 「ば」는 「と」와 마찬가지로 기본적으로 후술에 과거형 및 말하는 이의 의지, 희망, 명령, 의뢰 등의 표현이 올 수 없다.

◎ 薬を 飲めば ちょっと 休みたい。(×)

　薬を 飲んだら ちょっと 休みたい。(○)

◎ 家に 帰れば まず 手を 洗いなさい。(×)

　家に 帰ったら まず 手を 洗いなさい。(○)

연습하기

1. 아침에 일어나면 1시간 정도 운동합니다. (運動する)

   ✅ _____

2. 어두운 곳에서 책을 읽으면 눈이 나빠집니다. (所、読む)

   ✅ _____

3. 찬 음료를 많이 마시면 배탈이 납니다. (飲み物、おなかを 壊す)

   ✅ _____

4. 성실하지 않으면 성공하기 어렵겠지요. (真面目だ、成功する)

   ✅ _____

5. 복숭아 알레르기가 있어서 복숭아를 먹으면 재채기를 한다.
   (桃アレルギー、くしゃみを する)

   ✅ _____

6. 모르면 언제든지 물어보아도 괜찮습니다. (分かる、いつでも)

   ✅ _____

7. 조금 더 천천히 말하면 알아들을 수 있을 텐데. (ゆっくり、分かる)

   ✅ _____

8. 호랑이도 제 말 하면 온다. (うわさ)

   ✅ _____

9. 친구가 새 휴대전화를 사면 저도 사고 싶어집니다. (ケータイ)

   ✅ _____

10. 안경을 쓰지 않으면 글씨가 안 보입니다. (字、見える)

    ✅ _____

「のに」와 「けれども」의 차이는 뭐예요?

「のに」, 「けれども」는 모두 역접을 나타내는 조사이지만 그 쓰임은 약간 다르다.

「のに」는 '당연히 ~일 거로 생각했는데 그렇지 않았다'라는 느낌을 강하게 나타낸다.

> 예 彼は若いのに(○) / けれども(△)、知識が深い。(지식이 얕을 줄 알았는데)
>
> 彼女は若いけれども(○) / のに(×)、あまり元気ではない。
>
> (젊다고 모두 건강한 건 아니므로)
>
> あの店はおいしいのに(○) / けれども(△)、客が少ない。(손님이 많을 거 같은데)
>
> あの店はおいしいけれども(○) / のに(×)、安くない。
>
> (맛있다고 꼭 싸야 하는 법은 없으므로)

결과에 대한 놀라움, 실망, 후회, 분노, 불만 등을 강조할 때는 「のに」를 사용한다.

> 예 こんなに熱があるのに(○) / けれども(×)、学校へ行かなければならないなんて。
>
> いっしょうけんめい勉強したのに(○) / けれども(×)、落第だって!
>
> 弟は何も言われないのに(○) / けれども(×)、何で私だけが叱られるのか。

MEMO

18-2

夏休みに なったら 北海道へ 行きませんか。

○ 가정 표현(2)

1. ≫ たら

1) 일회성, 특정적인 상황의 가정

- 明日、雨だったら ピクニックは やめます。

- 夏休みに なったら 北海道へ 行きませんか。

- 食事が 済んだら 先生の 研究室に 行こうと 思っている。

※ 가정표현 「たら」는 특정적이고 일회적인 관계를 나타내는 가정 조건이므로 후반부에 의지, 희망, 명령, 의뢰, 허가 등의 표현이 올 수 있다.

2) 뜻밖의 상황이나 사건의 전제로 쓰이는 경우는 '~하자' , '~했더니'의 의미

- 部屋の 窓を 開けたら 富士山が 見えた。

○ 図書館に 行ったら たまたま 休館日だった。

○ 駅に 着いたら 彼が 私を 待っていました。

2. 》 なら

1) 화제의 제시, 한정

○ 花なら やっぱり 桜が 一番ですね。

○ 東京なら 家賃は ここより もっと 高く なります。

○ アリランは 韓国人なら 誰もが 知っている 歌です。

○ お好み焼きが 食べたいなら おいしい お店、教えようか。

2) 상황의 예정이나 진행을 상정하여 화자의 의견을 서술

○ 日本語を 習うなら 会話より 文法から 始めてください。

○ 海外旅行に 行くなら 簡単な 挨拶ぐらいは 覚えた ほうが いい。

※「たら」는 상황이 이미 일어났다는 가정하에 그다음 단계의 일을 서술한다. 반면,「なら」는 이제부터 상황이 일어난다는 가정하에 그 전 단계의 일을 말한다.

○ 飲んだら 乗るな、乗るなら 飲むな。

○ お客様が 来たら お茶を 出してください。

○ お客さんが 来るなら お茶を 用意した ほうが いい。

연습하기

1. 감기에 걸렸다면 푹 쉬는 게 좋아요. (風邪をひく、ゆっくり)

   ✅ _____

2. 먼저 수업이 끝나면 여기서 기다려 주세요. (先に、授業、終わる)

   ✅ _____

3. 아침에 일어나니 뜰에 눈이 쌓여있었다. (庭、積もる)

   ✅ _____

4. 온천 여행이라면 역시 일본이 좋지요. (温泉旅行、やはり)

   ✅ _____

5. 만약 복권에 당첨되면 무엇을 사고 싶어요? (もし、宝くじに当たる)

   ✅ _____

6. 집에 도착하면 연락해줘. (着く、連絡する)

   ✅ _____

7. 아르바이트를 쉬고 싶으면 일주일 전에 점장에게 말해야 한다. (バイト、店長)

   ✅ _____

8. 그녀라면 끝까지 최선을 다할 겁니다. (最後まで、最善を尽くす)

   ✅ _____

9. 친구와 놀 거라면 그 전에 숙제를 끝내세요. (宿題を済ます)

   ✅ _____

10. 숙제를 마쳤으면 게임을 해도 좋다. (宿題を済ます、ゲーム)

    ✅ _____

접속사 「ところが」와 「ところで」의 차이에 대하여 알려주세요.

1. 「ところが」 : 역접의 접속사로 '그런데' 의 의미

   例 急いで約束の場所へ行った。ところが、彼はそこにいなかった。

   いよいよ9月になった。ところが、少しも涼しくならない。

   熱心に勉強した。ところが、成績はあがらなかった。

2. 「ところで」 : 화제 전환의 접속사로 '그런데', '그건 그렇고'

   例 まだ暑いですね。ところで夏休みにはどこか行きましたか。

   今日、作文の授業がありますね。ところで、期末テストはいつですか。

   まあ、これでいいでしょう。ところで、あの件はどうなりましたか。

19-1

明日は 雨が 降るそうです。

○ 전갈(伝聞^{でんぶん}) : ~라고 한다

1. ≫ そうだ : 기본형 및 활용형에 접속

○ ニュースに よると 明日^{あした}は 雨^{あめ}が 降^ふるそうです。

○ A: 金さんは お肉^{にく}は 食^たべないそうです。

　　B: ええ。彼^{かれ}、お肉^{にく}が きらいだそうです。

○ A: あの 映画^{えいが}、とても 面白^{おもしろ}いそうですね。

　　B: 姉^{あね}の 話^{はなし}では 思^{おも}ったより 面白^{おもしろ}くなかったそうですが。

○ キムさんの 話^{はなし}では この 薬^{くすり}は 頭痛^{ずつう}に よく 効^きくそうです。

2. ≫ ~と言う

○ 昨日^{きのう}、山田^{やまだ}さんは 「来週^{らいしゅう}は 休^{やす}む」と 言^いいました。

◎ A : 天気予報で 今日の 午後、雨だと 言った?

　　B : いや、曇るとは 言っていたけど 雨だとは 言っていなかったよ。

◎ A : あなた、この 前 確かに「見た」と 言いましたね。

　　B : そんな ことを 言った 覚えは ない。

　　A : いや、絶対に そう 言いました。

※ 뭐라고, 어떻게(들은 내용) :「何と」「何て」「どう」

◎ 林さんは 何と おっしゃいましたか。

◎ 先生は 何て 言っていましたか。

◎ 彼は どう 言ってた?

3. ≫ ～って

◎ 彼は 来年の 春、結婚するって。

◎ ラジオに よると 明日は 雪ですって。

◎ あの 人は ダンスが とても 上手だって。

연습하기

1. 다음 달부터 버스 요금이 오른다고 합니다. (来月、料金、上がる)

   ✅ _____

2. 고등학교 때, 두 사람은 무척 친했다고 합니다. (高校時代、親しい)

   ✅ _____

3. 2011년, 일본 동북 지방에 큰 지진이 있었다고 한다. (東北地方、地震)

   ✅ _____

4. 그녀는 생선 요리를 그다지 좋아하지 않는다고 하던데요. (魚料理)

   ✅ _____

5. 결혼한다며? 축하해. (結婚)

   ✅ _____

6. 일본어는 공부하면 할수록 점점 재미있어진대요. (だんだん)

   ✅ _____

7. 헤어지고 나서도 그를 잊은 적이 없었대요. (別れる、忘れる)

   ✅ _____

8. 다나카씨는 한국의 매운 김치도 좋아한대요. (辛い、キムチ)

   ✅ _____

9. 남동생은 오늘 일찍 집에 온다고 했습니다. (帰る)

   ✅ _____

10. 선생님은 수업에 대해서 뭐라고 말씀하셨습니까? (授業、~について)

    ✅ _____

Q 잠깐 공부하기

「お飲み物はコーヒーで大丈夫ですか」라는 말은 어색한가요?

원래 「大丈夫」는 '확실해서 문제없다, 위험한 요소가 없어 안심할 수 있다'처럼 어떤 성질이나 상태가 용인된다는 의미에서 출발한다. 예를 들어 다음 예문과 같이 무언가 위험하거나 불안한 요소가 예상되는 상황에서 사용할 수 있다.

예 ママ : 大丈夫?(넘어져 혹시 위험에 처했을까 걱정하며)

子ども : 痛い!

ママ : これぐらいなら大丈夫。泣かないで。

A : メール、日本語で大丈夫ですか。

(다른 언어라면 글자가 깨질 위험성을 염두에 두고)
B : ええ、大丈夫ですよ。

따라서 특별히 위험하다거나 문제가 발생하는 상황을 전제로 한 질문이 아니면 「~大丈夫ですか」를 쓰는 것은 어색하다.

예 A : お飲み物はコーヒーで大丈夫ですか(?) / いいですか(よろしいでしょうか)。(○)
B : ええ、いいです。

店員 : (お弁当) あたためますか。

客 : いえ、大丈夫です(?) / いいです。(○, 데우지 않아도 돼요)

19-2

この ケーキ、おいしそうですね。

○ 양태(様態) : 사실 여부와 관계없이 '~하게 보이다'는 의미

1. 》 형용사, 형용동사의 어간 + そうだ

○ A: この ケーキ、おいしそうですね。

　B: おいしそうでしょう。私が 作りました。

○ この 本は 漢字が 多くて 私には ちょっと 難しそうです。

○ 赤ちゃんが 気持ちよさそうに 寝ています。

○ 私が 探している ものは この 店には なさそうだ。

2. 》 동사 ます형 + そうだ

○ 今日は 雨が 降りそうです。

○ 子供は 今にも 泣き出しそうな 顔を している。

◎ 強い 風で 木が 倒れそうに なっています。

◎ 授業は すぐ 終わりそうです。もう すこし 待っていてください。

3. ≫ 부정형

1) 형용사, 형용동사 : 「〜なさそうだ」「〜そうではない」

◎ この ケーキ、<u>おいしくなさそう</u>ですね。

  ≒ おいしそうではないですね

◎ あの 歌手は あまり <u>有名ではなさそう</u>だ。

    ≒ 有名そうではない

2) 동사 : 「〜そうにない」「〜そうもない」「〜そうにもない」

◎ 今日は 雨が <u>降りそうにない</u>。

    ≒ 降りそうもない

    ≒ 降りそうにもない

◎ 今日は 雨が <u>降らなそうだ</u>。

    ≒ 降らなさそうだ

연습하기

1. 그는 슬픈 듯한 얼굴을 하고 있습니다. (悲しい)

   ✅ _____

2. 포스터를 보면 이 영화, 재미있을 거 같은데요. (ポスター)

   ✅ _____

3. 그래요? 저는 별로 재미있을 것 같지 않은데요. (あまり)

   ✅ _____

4. 작문 시험 어려울 것 같아요. (作文、テスト)

   ✅ _____

5. 이 가방은 비쌀 것 같지 않다. (かばん)

   ✅ _____

6. 겨울 방학은 아르바이트도 있어서 바쁠 것 같아요. (冬休み、バイト)

   ✅ _____

7. 도깨비가 나올 것 같은 집이네요. (鬼、出る)

   ✅ _____

8. 1시간 정도로 일이 끝날 것 같지 않다. (仕事、終わる)

   ✅ _____

9. 하늘이 비라도 내릴 것같이 흐려있습니다. (降り出す、曇る)

   ✅ _____

10. 그는 일본에 갈 것 같지도 않아요. (行く)

    ✅ _____

Q 잠깐 공부하기

「彼はいい人そう」、「彼は人がよさそう」 둘 다 맞는 표현인가요?

「そうだ」는 외관이나 직감 등으로 판단하여 '~일 것 같다'라는 의미를 나타내며 「よい」와 「ない」에 접속할 때는 각각 「よさそう」「なさそう」가 된다.

「彼はいい人そう」는 명사에 붙은 것으로 최근 일본의 젊은이들 사이에서 쓰이는 말투

예 彼は悪い人そうじゃない。(＝人が悪そうではない)

彼は打ち解ける人そうではない。(＝打ち解けそうにもない)

이처럼 '명사＋そう'는 외관으로 본 상태나 성질을 나타낸다는 점에서 「そうだ」 본래의 의미를 살리고 있으나 아직은 일반적인 표현이라고는 할 수 없다.

20-1

山内さんは 明日 日本へ 帰るようです。

○ 추량(推量): ~인 듯 하다.

1. 》 **ようだ** : 화자의 관측에 따른 사태 파악이나 판단

○ 山内さんは 明日 日本へ 帰るようです。

○ 名前から 見ると 王さんは 中国人の ようだ。

○ 残念ですが、この ダイヤは 本物じゃないようです。

○ (雨の 音が 聞こえる) 雨が 降っているようですね。

○ (ノックを したが 返事が ない) どうやら だれも いないようだ。

2. 》 **みたいだ** : 「ようだ」의 회화체

○ 森さんの お子さんは まだ 小さいみたい。

○ 彼は 今日も 遅れるみたいですね。まだ 何の 連絡も ない。

◎ 電話に 出ない ことを 見れば まだ 会議が 続いているみたい。

3. 》 らしい : 정보를 바탕으로 하는 추정

◎ この 薬は 肩こりに よく 効くらしいです。

◎ どうやら 鈴木さんは ひそかに 結婚したらしい。

◎ 先輩の 話では 毎年 作文の テストは 難しいらしい。

◎ ニュースに よると 世界的に K-POPが 大変 人気が あるらしい。

※ 「らしい」는 「ようだ」와 마찬가지로 화자의 판단에 따른 추량 표현이다.
단 정보의 근거가 불명확할 때는 소문 등을 전하는 뜻을 지니며, 정보의
출처가 명확할 때는 전갈의 「そうだ」의 의미로도 사용된다.

4. 》 명사 + らしい : ~답다

◎ 林さんは 男らしい 人です。

◎ 二三日、秋らしい 日が 続いています。

◎ 今日は あなたらしくないね。何か あったの。

연습하기

1. 그녀는 아무것도 모르는 듯하다. (何も、知る)

   ✓ _____

2. 최근에는 초등학생들도 바쁜 것 같아요. (最近、小学生)

   ✓ _____

3. 그와는 어디선가 만난 적이 있는 듯합니다. (どこか、会う)

   ✓ _____

4. 땅이 젖어있는 것을 보니 비가 내렸나 봐요. (地面、濡れる)

   ✓ _____

5. 두 사람은 결혼하기로 한 것 같습니다. (結婚する)

   ✓ _____

6. 학생이면 학생답게 행동하는 게 바람직하겠지요. (行動する、望ましい)

   ✓ _____

7. 사람들이 우산을 쓰고 있지 않은 걸 보니 이제 비가 그친 것 같다.
   (傘をさす、雨が止む or 上がる)

   ✓ _____

8. 소문에 의하면 그는 벌써 고향으로 돌아간 듯 합니다. (うわさ、故郷)

   ✓ _____

9. 병원에 문병 갔었는데 그는 이제 건강해진 것 같았습니다. (病院、お見舞い)

   ✓ _____

10. 졸린 것 같은 눈이네요. 수업이 지루한 모양입니다. (眠い、退屈だ)

    ✓ _____

Q 잠깐 공부하기

「話し」와 「話」의 차이는 뭔가요?

1. 「話し」: 주로 이야기한다는 동작을 염두에 둔 표현에 사용한다.

   예 これからテストについてお話しします。

   二人はその件に関して話し合いました。

   話し相手がいないので寂しい。

   話し声、話し方、話し言葉、話し上手、話し好き，話し中、話し手 등

2. 「話」: 명사로, 이야기하는 내용이나 사항을 나타낸다.

   예 これからテストについて話をします。

   まず、先生のお話を聞きましょう。

   彼の話をまとめると次のようです。

   話が分かる、話がある、話がうまい、~の話、面白い話、世間話、

   おとぎ話、昔話 등

20-2

あの 子は まるで 人形の ようです。

○「ようだ」「みたいだ」의 쓰임

1. ≫ 비유

○ あの 子は まるで 人形の ようです。

○ 赤ちゃんは あたかも 天使みたい。

○ あの 街は 東京の 銀座みたいな ところです。

○ 彼は 日本人の ように 日本語が 上手です。

2. ≫ 예시

○ 大阪の ような 大都市は 家賃が けっこう 高い。

○ あなたの ように まじめな 学生ばかりなら どんなに いいでしょう。

○ 学食では ラーメンや のり巻きなどの ような ものも 売っています。

○ 消化不良の 時は おかゆの ように 胃に やさしい 食べ物が いい。

3. 》》 **내용설명**

○ アンケートに 対して 次の ような 回答が ありました。

○ 先週 知らせたように 工事で 明後日は 臨時休校です。

○ みなさんも 知っているように 来月、林君が 日本へ 帰ります。

4. 》》 **목적**

○ 滑らないように 足元に ご注意ください。

○ 風邪を ひかないように 気を つけて ください。

○ 聞いた ことを 忘れないように メモしておきます。

○ 日本語が 上手に なるように 頑張りたいと 思います。

연습하기

1. 아기 볼이 마치 사과처럼 빨개요. (頬、まるで)

   ✔ _____

2. 그는 뜬구름 잡는 이야기만 하고 있습니다. (雲をつかむ、ばかり)

   ✔ _____

3. 도쿄 같은 대도시는 물가가 비싸서 살기 어렵겠지요. (大都市、物価、暮らす)

   ✔ _____

4. 남동생도 누나처럼 유순한 아이입니다. (素直だ)

   ✔ _____

5. 앞으로도 일본어를 잘 할 수 있도록 노력하겠습니다. (上手になる)

   ✔ _____

6. 시험 날은 지각하지 않도록 서둘러 집을 나옵니다. (テスト、遅刻、急ぐ)

   ✔ _____

7. 요 며칠 봄날같이 따뜻한 날이 계속되고 있습니다. (ここ 二三日)

   ✔ _____

8. 멀리까지 들리도록 큰 소리로 이야기해 주세요. (遠く、聞こえる)

   ✔ _____

9. 어제 말한 대로 오늘은 30분간 단어 시험이 있습니다. (単語)

   ✔ _____

10. 어렸을 때 키가 크도록 우유를 많이 마셨습니다. (背が伸びる)

   ✔ _____

Q 잠깐 공부하기

「困ったな」는 어떻게 해석하나요?

「山に登った。さわやかな 空気だった。月もきれいだった。夜遅く家に帰った。」

이 예문처럼 동사의 「~た」형태는 보통 지난 시간, 즉 과거를 나타내는 형태로 사용된다.

그러나 과거 이외에도 몇 가지 표현을 나타내는 쓰임이 있다.

1. 불가항력, 속수무책의 상황에서 난감한 심경 표현

    예 A : ミルクが売り切れなんだって。

    B : 困ったな。どうしよう。 (곤란한데, 어떡하지….)

2. 사항의 결정, 순간적인 기억 등을 확인하는 심경 표현

    예 答え、何だろう。あっ、分かった、分かった。 (답이 뭐지… 앗, 알았다, 알았다!)

3. 무언가를 강하게 요구하거나 명령하는 표현

    예 (八百屋の主人が) さあ、買った、買った。 (사세요, 사세요.)

    (人ごみを走りぬけながら) どいた、どいた。 (비켜, 비켜.)

21-1

私は 先生に ほめられた。

○ 수동 표현

▌수동형 만들기

1단 동사: ない형+られる	見る→見られる 着る→着られる	食べる→食べられる ほめる→ほめられる
5단 동사: ない형+れる	書く→書かれる 言う→言われる	踏む→踏まれる 壊す→壊される
する·くる 동사	する→される	くる→来られる

1. 》》 B가(는/은) A에게 ～되다

◎ わたしは 先生に ほめられた。

◎ ねずみが 猫に 追いかけられる。

◎ 彼女は 両親に 愛されて 育ちました。

2. 》》 B가 A에게 ~을 ~당하다

◎ 子どもの 時、犬に 指を かまれた ことが ある。

◎ いきなり 彼に 背中を 叩かれたので びっくりしてしまった。

◎ 朝、電車の 中で だれかに 足を 踏まれて 大変でした。

3. 》》 자동사 수동

◎ 旅行中、ずっと 雨に 降られました。

◎ 父は 幼い とき、両親に 死なれました。

◎ 夜中、赤ちゃんに 泣かれて 困ってしまいました。

4. 》》 물건이 주어인 수동

◎ 酒は 米から、しょうゆは 大豆から 作られます。

◎ 来年、この 都市で オリンピックが 開催されます。

◎ 日本の アニメや 漫画は 世界中で 見られています。

연습하기

1. 아이가 달려와서 엄마에게 안겼습니다. (母親、抱く)

   ✔ _____

2. 곤란해 있을 때 그에게 도움을 받았다. (困る、助ける)

   ✔ _____

3. 그는 성실한 사람이어서 모두에게 인정받고 있습니다. (認める)

   ✔ _____

4. 따돌림당한 괴로운 경험은 평생 잊기 힘들다. (いじめる、つらい経験、一生)

   ✔ _____

5. 그는 학생에게 존경받는 선생님입니다. (尊敬する)

   ✔ _____

6. 다친 사람은 구조되어 병원으로 옮겨졌습니다. (けがをする、助ける、運ぶ)

   ✔ _____

7. 어젯밤에 친구가 와서 공부할 수 없었습니다. (ゆうべ)

   ✔ _____

8. 어릴 때 아버지를 여의어서 생활이 힘들었습니다. (死ぬ、大変だ)

   ✔ _____

9. 아이가 울어서 어떻게 해야 좋을지 몰랐습니다. (子ども、泣く)

   ✔ _____

10. 나는 시원한 바람을 맞으며 언덕 위에 서 있었다. (吹く、丘)

   ✔ _____

「ご苦労様」와 「お疲れ様」의 차이에 대해 알려주세요.

1. 「ご苦労様」: 「苦労」는 '수고, 고생, 노고'의 뜻. 즉 「ご苦労様」는 '수고, 고생, 노고'를 하게 한 사람 쪽에서 '수고, 고생, 노고'를 한 사람에게 하는 위로의 말로 쓰이므로 보통 손윗사람이 손아랫사람에게 하는 인사말이다.

2. 「お疲れ様」: 「疲れる」는 '피곤하다, 지치다'의 뜻. 즉 「お疲れ様」는 손윗사람의 피곤한 모습을 보고 손아랫사람이 할 수 있는 위로의 인사말이다. 단, 공동 작업이나 일이 끝났을 때 신분의 상하를 막론하고 모두 「お疲れ様」라고 인사를 나누기도 한다. 또한 동료나 아랫사람에게 친근한 말투로 「お疲れさん」「お疲れ」라고도 한다.

21-2

ほんとうに 信じられない 話ですね。

○ 가능 표현

▌ 가능 표현 만들기

1단 동사: ない형+られる	見る→見られる 起きる→起きられる	食べる→食べられる 教える→教えられる
5단 동사: エ(e)음+る	書く→書ける 言う→言える	読む→読める 取る→取れる
する·くる 동사	する→できる	くる→来られる

1. 》》 동사의 기본형 + ことが できる

● 今は 昔と 違って だれもが 教育を 受けることが できます。

● 日本語は 話すことは できるが、新聞を 読むことは できない。

● 時間に 間に合わなかったので 新幹線に 乗ることが できなかった。

2. ≫ 1단 동사 : ～が「～られる」

○ ほんとうに 信じられない 話ですね。

○ まわりが うるさくて なかなか 寝られません。

○ この あたりは 車が 止められる 場所が 少ない。

○ 日本での 生活が 長いので 今は 納豆が 食べられます。

3. ≫ 5단 동사 : ～が「～eる」

○ わたしは 全く 泳げません。

○ あなたは 日本語が 話せますか。

○ 家では パソコンが 使えなくて 困っています。

○ 今日は バイトが ないから 早く 帰れます。

4. ≫ する → できる・くる → 来られる

○ 仕事が 忙しくて 全然 運動できません。

○ 明日は 何時までに 来られますか。

연습하기

1. 피곤해서 아침 일찍 일어날 수 없었습니다. (疲れる)

   ✅ _____

2. 제 아파트에서는 애완동물을 키울 수 없습니다. (アパート、ペット、飼う)

   ✅ _____

3. 선생님의 말씀을 잊을 수가 없습니다. (お話、忘れる)

   ✅ _____

4. 바람이 너무 강해서 밖에 나갈 수 없다. (強すぎる、出る)

   ✅ _____

5. 일본어로 자유롭게 이야기할 수 있게 되었습니다. (自由に)

   ✅ _____

6. 만날 수 있다면 다시 한번 그를 만나고 싶어요. (会う、もう一度)

   ✅ _____

7. 휴대전화가 통하지 않는 곳이라 연락할 수 없었다. (通じる、連絡)

   ✅ _____

8. 여기라면 편하게 쉴 수 있을 것 같네요. (ゆっくり、休む)

   ✅ _____

9. 부를 수 있는 일본 노래, 있어요? (歌う、歌)

   ✅ _____

10. 도로가 1시간이나 막혀있어서 빨리 올 수 없었다. (道路、渋滞する)

    ✅ _____

Q 잠깐 공부하기

가능 표현으로 「見れる」「来れる」라고도 쓸 수 있나요?

例 ベランダから花火が[見れる or 見られる]

위 문장에 대한 일본인의 사용 빈도(%)

	来れる	来られる	見れる	見られる
10대	54.5	45.5	72.7	27.3
20대	41.7	58.3	41.7	58.3
30대	29.0	67.7	38.7	61.3
40대	45.5	54.5	31.8	68.2
50대	28.6	71.4	19.0	81.0
60대	0	100	33.3	66.7

北原保雄『問題な日本語2』(2005)에서 인용

1단 동사 및 来る 동사를 가능 형으로 만들 때 「見られる」「食べられる」「来られる」라고 하지 않고 각각 「見れる」「食べれる」「来れる」와 같이, 「ら」를 빼고 말하는 것을 이른바 「ら抜き言葉」라고 한다.

위의 설문 결과로도 알 수 있듯이 「ら抜き言葉」는 젊은이를 중심으로 많이 사용되고 있다. 그러나 발표나 서류 등, 공식적이고 형식적일 때 「見られる」「食べられる」「来られる」로 쓰는 편이 바람직하다.

22-1

おじいさまは 今年 おいくつに なられますか。

○ 존경 표현

▋존경 표현 만들기

1단 동사: ない형＋られる	降りる→降りられる 起きる→起きられる	続ける→続けられる 教える→教えられる
5단 동사: ない형＋れる	行く→行かれる 買う→買われる	なる→なられる 泳ぐ→泳がれる
する・くる 동사	する→される	来る→来られる

1. ≫ 1단 동사 ない형＋られる

◎ 部長は 東京駅で 降りられます。

◎ ゴミは お兄さまが 捨てられました。

◎ 先生は ご自分の 手で お孫さんを 育てられた。

2. 》》 5단 동사 ない형 + れる

○ 今日も 泳ぎに 行かれますか。

○ 田中さんは 明日 休まれるそうです。

○ スーパーで 何を 買われましたか。

○ 校長先生は あなたの 手紙を 読まれました。

3. 》》 する → される・くる → 来られる

○ 先生が お話を されますので 静かに してください。

○ 先生は 奥さまを 信頼されていた。

○ 今 入って来られた 方、お名前は…

연습하기

존경어로 바꾸기

1. お父さんは どんな 仕事を しますか。

  ✅ _____

2. 新車は いつ 買いましたか。

  ✅ _____

3. 先生は 来週 彼に 会います。

  ✅ _____

4. 彼は 田中さんが 呼びました。

  ✅ _____

5. 先生は もう 帰りました。

  ✅ _____

6. ペットは 何を 飼っていますか。

  ✅ _____

7. 선생님은 학생의 질문에 자세히 대답하셨습니다. (質問、詳しい)

  ✅ _____

8. 시간이 없으니 서두르시는 것이 좋겠습니다만. (急ぐ)

  ✅ _____

9. 하루 중 언제 산책하십니까? (一日、散歩する)

  ✅ _____

10. 무엇을 만드세요? (作る)

  ✅ _____

Q 잠깐 공부하기

「先生が腹をお立てになった」는 표현은 어색한가요?

「腹をお立てになった」는 '화를 내다'라는 의미의 관용구인 「腹を立つ」를 존경 표현으로 만든 것이나 적절한 일본어 표현은 아니다.

예를 들어 目を回す(기절하다, 몹시 바쁘다), 舌を巻く(혀를 내두르다) 등의 관용구를 「目をお回しになる」나 「舌をお巻きになる」와 같이 존경어로 만들어 손윗사람에게 사용하는 것은 부적절하다.

예 腹をお立てになる。(×)→先生がお怒りになった。(○)

目をお回しになる。(×)→とてもお忙しい。(○)

舌をお巻きになる。(×)→驚かれる。(○)

22-2

彼には 余裕が 感じられます。

○ **자발(自發) 표현 :** 동작이나 감정이 자신의 의지와는 상관없이 저절로 생겨난다는 의미. 주로 감정이나 감각을 나타내는 동사에 쓰인다.

■ 자발 표현 만들기

1단 동사: ない형+られる	案じる→案じられる	感じる→感じられる
5단 동사: ない형+れる	思う→思われる	惜しむ→惜しまれる
する 동사	する→される	

1. 》》 1단 동사 ない형+られる

○ 彼には 余裕が 感じられます。

○ 子どもの 表情から 誇りが 感じられる。

○ 入院している 父の ことが 案じられます。

2. ≫ 5단 동사 ない형＋れる

○ 彼の 早すぎる 死が 惜しまれる。

○ 友だちは 正しい 行動を とったと 思われます。

○ この 写真を 見ると 母の ことが 思い出されます。

3. ≫ する → される

○ 古里は 大雨だったそうで とても 心配されます。

○ 彼女の 美しい 心に 感心されました。

연습하기

1. 이 질문에 대해 어떻게 생각됩니까? (質問、思う)

    ✅ _____

2. 고향의 어머니가 걱정됩니다. (国、案じる)

    ✅ _____

3. 옛날, 그와 지냈던 때의 일이 떠오릅니다. (昔、過ごす、思い出す)

    ✅ _____

4. 기말시험의 범위가 너무 넓다고 생각되는데요. (期末テスト、範囲、思う)

    ✅ _____

5. 그녀의 용기가 느껴지는 연설이었습니다. (勇気、感じる、スピーチ)

    ✅ _____

6. 산들바람에 봄기운이 느껴집니다. (そよ風、気配、感じる)

    ✅ _____

7. 그녀는 그 분야의 전문가로 여겨지고 있습니다. (分野、専門家、考える)

    ✅ _____

8. 나이가 들수록 고향이 그리워진다. (古里、偲ぶ)

    ✅ _____

9. 아직 어린 자식의 장래가 걱정됩니다. (幼い、将来、心配する)

    ✅ _____

10. 그의 용감한 행동에 모두 감동받았다. (勇敢な行動、感心する)

    ✅ _____

Q 잠깐 공부하기

「～と思う」와「～思われる」의 느낌은 어떻게 다른가요?

1. 「～と思う」: 자신의 주관적 판단, 의지, 의사 표명 등의 의미

   예 山はまだ寒いと思う。

   来年、日本へ行こうと思います。

   彼の行動は間違っていると思います。

2. 「～と思われる」: 어느 정도 객관성을 바탕으로 한 생각

   단언은 하지 않아도 자연히 그렇게 판단된다는 의미. 완곡한 표현

   예 国の経済はだんだん難しくなると思われます。

   実験の結果、そういう結論になると思われます。

   当分間、韓流は続くと思われます。

23-1

先生が 学生に 漢字を 書かせます。

> ○ **사역형:** A가 B에게 어떤 행위를 명령하거나 요구하여 그 행위를 하게 만드는 표현

▌사역형 만들기

1단 동사: ない형+させる	起きる→起きさせる 見る→見させる	やめる → やめさせる 別れる→別れさせる
5단 동사: ない형+せる	書く→書かせる 言う→言わせる	飲む→飲ませる 買う→買わせる
する・くる 동사	する→させる	くる→来させる

1. ≫ 강제

◎ 先生が 学生に 漢字を 書かせます。

◎ 子どもに 野菜を 食べさせるのは 大変です。

◎ 母は 弟に 部屋の 掃除を させました。

◎ 子どもに ピアノや 水泳を 習わせたり 塾に 通わせたり しています。

2. ≫ 허가

◎ 娘が 願っているので 日本へ 留学させる ことに しました。

◎ ゲームは 1日 1時間だけ 許しています。夜は させません。

◎ 会議では 人々に 自由に 言わせた ほうが いいと 思います。

◎ うちの 親は 私が 小学生の とき、ケータイを 持たせてくれなかった。

3 ≫ 감정 유발

◎ いたずらっ子だったので よく 先生を 怒らせました。

◎ 両親を 心配させないように がんばって 勉強しています。

◎ 彼は 彼女を 喜ばせるために プレゼントまで 用意した。

◎ これ以上 お母さんを 悲しませては いけません。

연습하기

1. 밖에서 아이를 놀게 할 장소가 적어졌습니다. (遊ぶ、場所、少ない)

   ✓ _____

2. 딸에게 매일 일기를 쓰게 합니다. (娘、毎日、日記)

   ✓ _____

3. 언니는 여동생을 1시간이나 기다리게 했다. (お姉さん、妹)

   ✓ _____

4. 슬픈 노래는 나를 울게 합니다. (歌、泣く)

   ✓ _____

5. 아이를 억지로 공부시키지 않는 편이 좋다. (むりやりに、勉強する)

   ✓ _____

6. 엄마는 남동을 학원에 다니게 했습니다. (塾、通う)

   ✓ _____

7. 역까지 마중하러 보내겠으니 기다려 주세요. (迎える)

   ✓ _____

8. 회사 담당자에게 호텔 예약을 시켜두겠습니다. (係りの者、予約する)

   ✓ _____

9. 먼저 간단한 체조를 하게 한 후, 달리게 합니다. (簡単だ、体操、走る)

   ✓ _____

10. 그녀를 기쁘게 해주는 일이라면 뭐든지 하겠습니다. (喜ぶ)

    ✓ _____

「ところ」의 뜻이 너무 많아서 헷갈려요.

1. 장소, 주소

   예 昔、あるところにおじいさんとおばあさんが住んでいました。

   私は静かなところが好きです。

2. 부분, 포인트, 대목

   예 あなたと私は見るところが同じです。

   彼にもいいところはあります。

3. 정도, 범위

   예 これくらいのところで止めましょう。

   A: どれぐらいかかりますか。

   B: まあ、三日ところですね。

4. 장면, 상황

   예 二人で会うところを見てしまった。

   君、ちょうどいいところに来たね。いっぱい、どう?

5. (현재를 중심으로) 짧은 시간

   예 あっ、危ないところだった。

   今のところ、よく分かりません。

23-2

1時間も 待たされて 疲れてしまった。

○ **사역 수동형** : 사역형과 수동형이 합쳐진 문형
자신의 의지가 아니라 강요로 인해 어쩔 수 없이 한다는 의미

▌사역 수동형 만들기

1단 동사 ない형+させられる	見る → 見させられる 着る → 着させられる	食べる → 食べさせられる やめる → やめさせられる
5단 동사 ない형+せられる or ない형+される(단축형)	書く → 書かせられる 　　 = 書かされる 持つ → 持たせられる 　　 = 持たされる	走る → 走らせられる 　　 = 走らされる 帰る → 帰らせられる 　　 = 帰らされる
	※「~す」로 끝나는 동사는 단축형을 사용하지 않는다 話す → 話させられる(話さされる×)	
する・くる 동사	する → させられる	くる → 来させられる

1. 》 ~(さ)せられる : (어쩔 수 없이, 싫지만, 내키지 않으나, 억지로) 하다

◎ こどもの 時、親に 勉強させられた。

　※「親が 私に 勉強させる」を「私」の 立場から 言う。

◎ 健康が 大事だからと、父に バイトを やめさせられました。

　※ 私は バイトを やめたくなかったが、父が バイトを やめさせた。

◎ A: 昨日、タクヤ君に ずいぶん お酒を 飲まされちゃった。

　※ 私は あまり お酒を 飲みたくなかったが、タクヤ君が 私に お酒を 飲ませた。

　B: それは 違うでしょう。あなたも 喜んで 飲んだじゃない。

◎ 友だちに 1時間も 待たされて 疲れてしまった。

2. 》 ~(さ)せてください・~(さ)せてもらいたい : 정중한 부탁, 의뢰

◎ ぜひ あの 時の 話を 聞かせてください。

◎ すみませんが 今日は 少し 早めに 帰らせてください。

◎ お子さまの 写真を 撮らせてもらいたいですけど。

◎ (アルバイト先などで) 明日、休ませていただきたいのですが。

연습하기

1. 나는 어머니에게 매일 채소를 먹을 것을 강요당한다. (野菜、食べる)

　　✔ ① 母は_____

　　　 ② 私は_____

2. 불경기로 인해 많은 사람이 회사를 그만두었다. (不景気、やめる)

　　✔ _____

3. 선생님은 그에게 반복해서 대답하게 했다. (くりかえす、答える)

　　✔ ① 先生は_____

　　　 ② 彼は_____

4. 한 시간 정도 게임 하고 싶어요, 제발 놀게 해주세요. (ゲーム、遊ぶ)

　　✔ _____

5. (싫었지만 사람들이 춤추라고 해서) 나는 춤을 추었다. (踊る)

　　✔ ① 人々は_____

　　　 ② 私は_____

6. 엄마는 전철 안에서 언제나 나를 서 있게 했다. (電車、立つ)

　　✔ ① 母は_____

　　　 ② 私は_____

7. 친구는 나를 이곳에 오게 했다. (来る)

　　✔ ① 友だちは_____

　　　 ② 私は_____

8. 의사 선생님이 아버지에게 담배를 끊게 하였다. (タバコ、やめる)

    ✅ ① お医者さんは_____

       ② お父さんは_____

9. 한 말씀 하게 해주세요. (一言、言う)

    ✅ _____

10. 괜찮으시다면 지금부터 발표하고자 합니다. (発表する)

    ✅ _____

「동사＋なくて」와 「동사＋ないで」의 차이는 뭔가요?

1. 「〜なくて」: 뒤이은 문장에 원인, 이유를 나타내는 표현을 받는다.

   예　あの映画は面白くなくて、とても退屈だった。

   　　お金が足りなくて、旅行に行けません。

   　　約束時間に間に合えなくてすみません。

   　　奨学金がもらえなくてがっかりしています。

2. 「〜ないで」: 뒤이은 문장에 단순 나열의 문장이 이어진다.

   예　奨学金をもらわないで、そのまま留学に行った。

   　　夕ごはんも食べないで寝てしまいました。

   　　学校にも行かないでどこへ行ってきたの。

MEMO

24-1

あの 映画 ご覧になりましたか。

○ 존경어

1. ≫ 존경어 일람

기본형	존경어	예문
いる・行く・来る	いらっしゃる	部屋に おじいさんが いらっしゃる。
	お出でになる	鈴木さんが お出でに なりました。
来る	お見えになる	お客さんが お見えに なりました。
	お越しになる	会議に お越しになる 予定は ありますか。
言う	おっしゃる	おっしゃることは よく わかります。
する	なさる	コーヒーと お茶、どちらに なさいますか。
	される	ご結婚されるそうで、おめでとうございます。
食べる・飲む	召し上がる	朝ごはん、何を めしあがりましたか。
着る	お召しになる	どの 浴衣を お召しに なりますか。
見る	ご覧になる	あの 映画、ご覧になりましたか。
知る	ご存じ	先生も あの ことは ご存じです。
与える	くださる	林さんは 娘に 時計を くださいました。

2. 》 お + 동사 ます형 + に なる

◎ 今朝、NHKの ニュース お聞きに なりましたか。

◎ おばあさんは たいてい 10時ごろ お休みに なります。

◎ この 本、もう お読みに なりましたか。

◎ 先生は 彼に メッセージを お書きに なりました。

3. 》 〜(ら)れる

◎ 今日も 授業の 後 テニスに 行かれますか。

◎ おじいさまは 昨日 森さんに 会われました。

◎ この 手紙は 社長が 書かれました。

4. 》 お(ご) + 동사 ます형(or 명사) + ください

◎ こちらに おかけください。

◎ ぜひ ご参加ください。

◎ どうぞ ご自由に お取りください。

연습하기

1. 휴일에는 주로 무엇을 하십니까? (休みの日、主に)

   ✅ _____

2. 이 건에 대해 알고 계십니까? (件)

   ✅ _____

3. 선생님은 실력보다 노력이 중요하다고 말씀하셨습니다. (実力、努力)

   ✅ _____

4. 보신 영화 중에서 가장 좋았던 작품은 무엇입니까? (映画、作品)

   ✅ _____

5. 손님이 오셨습니다. (お客さん)

   ✅ _____

6. 할아버님은 오늘 검은 양복을 입으셨습니다. (スーツ)

   ✅ _____

7. 몇 시쯤 주무십니까? (何時ごろ)

   ✅ _____

8. 아드님은 10시쯤 댁으로 돌아가셨습니다. (息子さん、お宅)

   ✅ _____

9. 내일 아침에 전화 주세요. (お電話)

   ✅ _____

10. 이제 괜찮으니 안심하세요. (大丈夫、ご安心)

   ✅ _____

Q 잠깐 공부하기

「申される」와 「おられる」는 잘못된 표현인가요?

1. **「申される」**: 「言う」의 겸양어인 「申す」에 존경을 뜻하는 「れる」를 붙인 것은 잘못이라는 의견도 있다. 그러나 고전 작품이나 시대 소설에는 '말씀하시다'라는 의미로 사용되기도 한다.

   예 号を見山と申される。

   何と申される?

   ※ 현대어에서 「申される」를 '말씀하시다'는 의미의 존경어로 쓰는 것은 잘못된 표현이다.

   예 社長が申されました。(×)

   あなたが申されますように、(×)

2. **「おられる」**: 「いる」의 겸양어인 「おる」에 존경을 뜻하는 「れる」를 붙여 '계시다'의 의미로 쓰는 것은 잘못이라는 의견이 많으나 최근에는 일반적으로 사용된다.

   예 昨日はどちらにおられましたか。

   先生はたいへん困っておられました。

   ※ 「おられる」는 존경어로, 「おります」는 겸양어

24-2

明日 日本へ まいります。

○ 겸양·정중 표현

1. 》 겸양어·정중어 일람

기본형	겸양어	예문
いる	おる	私は 自分の 部屋に おります。
行く・来る	参る	日本へ まいります。
	うかがう	先生の お宅へ 伺いました。
言う	申す/申し上げる	私の 名前は 李ユラと 申します。
する	いたす	どうぞ よろしく お願いいたします。
食べる・飲む	いただく	では 遠慮なく いただきます。
見る	拝見する	先生の 本 拝見しました。
聞く(듣다)	拝聴する	先日 森先生の 講演を 拝聴しました。
聞く(묻다)	伺う	少し 伺っても よろしいでしょうか。
会う	お目に かかる	昨日 鈴木さんに お目に かかりました。
思う・知る	存じる	その 件は 存じております。

기본형	정중어	예문
명사＋です	명사＋でございます	学生<ruby>がくせい</ruby>でございます。
あります	ございます	そちらに カタログが ございます。
わかる	かしこまる 承知<ruby>しょうち</ruby>する	はい、かしこまりました。 はい、承知<ruby>しょうち</ruby>しました。

2. 》 お＋동사 ます형＋する(いたす)

○ どうぞ よろしく お願<ruby>ねが</ruby>いします。

○ もうしわけございません。すぐ お持<ruby>も</ruby>ちいたします。

○ 今<ruby>いま</ruby> 金額<ruby>きんがく</ruby>を お調<ruby>しら</ruby>べしますので、少々<ruby>しょうしょう</ruby> お待<ruby>ま</ruby>ちください。

3. 》 정중어

○ これは 今年<ruby>ことし</ruby> 作<ruby>つく</ruby>られた ものでございます。

○ 会議<ruby>かいぎ</ruby>の 書類<ruby>しょるい</ruby>は あちらに ございます。

○ A: 明日<ruby>あした</ruby>までに お願<ruby>ねが</ruby>いできますか。

  B: はい、かしこまりました。

연습하기

겸양어로 고치기

1. この 本は もう 読みました。

   ✓ _____

2. あのう、かさ 借りたいですが。

   ✓ _____

3. 部長の かばん、私が 持ちます。

   ✓ _____

4. 昨日は 先生の お宅へ 行きました。

   ✓ _____

5. ごちそうを たべました。

   ✓ _____

6. 彼の 判断は 間違っていると 思います。

   ✓ _____

7. その 件に ついて 先生に 言いました。

   ✓ _____

8. 昨日 林さんに 会いました。

   ✓ _____

9. ちょっと 見ても いいですか。

   ✓ _____

10. 来年 日本へ 行きたいです。

    ✓ _____

Q 잠깐 공부하기

「申す」와 「申しあげる」의 의미는 어떻게 다른가요?

「申す」와 「申しあげる」는 모두 「話す」혹은 「言う」의 겸사말이지만 쓰는 상황과 의미에는 차이가 있다.

1. 「申す」 : 단지 화자의 공손한 기분을 나타내는 겸양 표현으로, 말을 듣는 상대방을 높이는 의미는 들어있지 않다.

   예 私はイミナと申します。どうぞよろしく。(공손한 자기소개)

   私はそのように父に申しました。

2. 「申しあげる」 : 상사나 윗사람에게 무언가 아뢴다는 표현으로, 상대방을 높이는 의미가 들어있다.

   예 私はそのように先生に申し上げました。

   先日のお礼を申し上げます。

MEMO

연습하기 해답

1-1. 私は 学生だ。

    1. これは 私の かばんだ。

    2. 先生は 韓国人ではない。

    3. 彼の 名前は 田中だ。

    4. 私の 友だちは 会社員ではない。

    5. 明日は 私の 誕生日だ。

    6. あれは 兄の 帽子だ。

    7. 私の 夢は 歌手だ。

    8. あれが 母の 傘だ。

    9. 彼女は 彼の 友だちではない。

    10. 中村さんは 日本人じゃないか。

1-2. 私の 名前は 李ユラです。

    1. 私は 大学生です。

    2. 妹は 高校生で 弟は 中学生です。

    3. 彼は この 学校の 学生ではありません。

    4. 私の 夢は 日本語の 専門家です。

    5. 私の 日本人の 友だちの 名前は 林ケンです。

6. これは 何<small>なん</small>の 本<small>ほん</small>ですか。

7. これも 私<small>わたし</small>ので それも 私<small>わたし</small>のです。

8. 先生<small>せんせい</small>のは どれですか。

9. 写真<small>しゃしん</small>の 中<small>なか</small>の この 人<small>ひと</small>が 私<small>わたし</small>の 友<small>とも</small>だちです。

10. それは 母<small>はは</small>のではありません。

2-1. つくえの 上<small>うえ</small>に 本<small>ほん</small>が あります。

1. 車<small>くるま</small>の 中<small>なか</small>に 誰<small>だれ</small>が いますか。

2. 部屋<small>へや</small>の 中<small>なか</small>に 誰<small>だれ</small>か いますか。

3. 病院<small>びょういん</small>の 中<small>なか</small>には コンビニや カフェなども あります。

4. いすの 下<small>した</small>に 何<small>なに</small>か ありますか。

5. 冷蔵庫<small>れいぞうこ</small>の 中<small>なか</small>に 食<small>た</small>べ物<small>もの</small>は 何<small>なに</small>も ありません。

6. 私<small>わたし</small>には 兄弟<small>きょうだい</small>が いません。

7. 友<small>とも</small>だちの 江川<small>えがわ</small>は あの 部屋<small>へや</small>に います。

8. 公務員<small>こうむいん</small>の 佐藤<small>さとう</small>さんは 私<small>わたし</small>の 会話<small>かいわ</small>の 先生<small>せんせい</small>です。

9. 先生<small>せんせい</small>の 研究室<small>けんきゅうしつ</small>には 日本語<small>にほんご</small>の 本<small>ほん</small>が たくさん あります。

10. あなたの 猫<small>ねこ</small>は どこにも いません。

2-2. 助数詞

1. 一日<small>いちにち</small>は 24時間<small>じかん</small>、一ヶ月<small>いっかげつ</small>は 30日<small>にち</small>、一年<small>いちねん</small>は 365日<small>にち</small>です。

2. この りんごは 三<small>みっ</small>つで いくらですか。

3. 教室<small>きょうしつ</small>には 二人<small>ふたり</small>の 学生<small>がくせい</small>が います。

4. 今<small>いま</small> 何時<small>なんじ</small> 何分<small>なんぷん</small>ですか。

5. お兄<small>にい</small>さんは 大学生<small>だいがくせい</small>ですか。

6. つくえの 上<small>うえ</small>に バラ 一本<small>いっぽん</small>が あります。

7. わが家<small>や</small>には 猫<small>ねこ</small> 一匹<small>いっぴき</small>と 犬<small>いぬ</small> 二匹<small>にひき</small>が います。

8. お子<small>こ</small>さんは おいくつですか。

9. 明日は 八日で 木曜日です。

10. 日本語の 講義室は 七階に あります。

3-1. 日本の 夏は とても 暑いです。

1. 彼は 明るい 性格です。

2. 韓国の 青い 秋の 空は ほんとうに 美しいです。

3. その レストランは 駅から 近いです。

4. 日本の 食べ物は あまり 辛くない。

5. 象は 鼻が 長い。

6. 食べ物の 量は 多くも 少なくもないです。

7. あの 店は 値段は 安いが、品物は よくない。

8. 日本で 最も 高い 山は 富士山だ。

9. 世界で 人口が 一番 多い 国は 中国だ。

10. 日本語の 作文は 易しくないが、授業は 楽しいです。

3-2. 教室は 広くて 涼しいです。

1. 新幹線より 飛行機が 速いです。

2. 昨日より 今日が もっと 暑いですね。

3. 彼女は あなたほど 明るい 性格ではありません。

4. 象は 鼻が 長くて キリンは 首が 長いです。

5. 日本の 食べ物は 韓国の 食べ物ほど 辛くない。

6. デパートは 駅から 近くて いいです。

7. この かばんは 大きくて 軽いです。

8. りんごは 丸くて 赤いです。

9. 日本語は 易しくて おもしろいです。

10. 彼女は 心が 優しくて 美しい。

4-1. 代々木公園は 静かです。

    1. きれいな 百合ですね。

    2. あなたに 一番 大事な ものは 何ですか。

    3. 嫌いな 食べ物、ありますか。

    4. あなたの 日本語は 立派です。

    5. 彼は わがままな 人ではありません。

    6. 学校から 家までの 交通は 便利ですか。

    7. 韓国では プロ野球が 盛んです。

    8. あの 俳優は 歌も 上手です。

    9. おじいさんは 元気ではありません。

    10. 『親切な クムジャさん』は 有名な 作品です。

4-2. 彼は 真面目で すなおな 人です。

    1. 果物の 中では りんごが 一番 好きです。

    2. 私は わかままな 人が 嫌いです。

    3. 妹は 英語が 上手です。

    4. 兄は 料理が 苦手です。

    5. 私の 友だちは 真面目で 元気です。

    6. KTXは 便利で 安全です。

    7. 彼女は 地味で いいです。

    8. 前より 街が 賑やかに なる。

    9. 顔が きれいな 人より 心が きれいな 人が 好きです。

    10. この 部屋は 静かで きれいですね。

5-1. 昨日の パーティーは 楽しかった。

    1. 母は 若かった 頃 とても 美しかった。

    2. 彼の 才能が とても うらやましかったです。

3. 私が 悪かった。ごめんね。

4. 学校から 家までは あまり 遠くなかった。

5. 去年の 冬は かなり 暖かかったです。

6. その 公園は 木も 多くて 池も 広かった。

7. クリスマスは 一人ぼっちで 寂しかったです。

8. 風が すずしくて 気持ちよかった。

9. 学食の ラーメンは おいしくて 量も 少なくありませんでした。

10. 中学時代、彼女は あまり 背が 高くなかった。

5-2. 兄は 料理が 得意だった。

1. その 監督の 映画は あまり 好きではありませんでした。

2. 海の 景色は すてきでしたか。

3. あの 店の 魚は 新鮮ではなかった。

4. 私は 日本語が 得意でした。

5. 彼は 静かで とても 真面目だった。

6. 昔、ここは あまり にぎやかではなかったです。

7. あの 時は あなたの 愛が 必要だった。

8. 東京は 静かで きれいでした。

9. 二人は 貧乏だったが 幸せでした。

10. 数学の 問題は 複雑で 大変だった。

6-1. タバコは 吸わない。

1. 要らない ものは 買わない。

2. 今度の ミーティングに 彼は 来ない。

3. 二人で おいしい ケーキを 食べる。

4. 今日は 早く 家に 帰る。

5. 彼女は 授業中 友だちと しゃべらない。

　6. 悪い いたずらは しない。

　7. 夏休みに 京都へ 行かない?

　8. お母さんは 子供に 字を 教える。

　9. 私は 毎日 おばあさんに 電話を かける。

　10. 二度と 彼に 会わない。

6-2. 今日は アルバイトに 行かなければ いけない。

　1. 何でも 自分で 決めなければ いけない。

　2. 毎日 熱心に 働かなければ いけない。

　3. 字が 小さくて 見えない。もっと 大きく 書かなくては いけない。

　4. 友だちには 正直に 話さなくては ならない。

　5. 小さい ことでも 最善を 尽くさなくては いけない。

　6. 今日は 9時までに 家に 帰らなければ いけない。

　7. あ、そうだ。お母さんに 連絡しなくちゃ。

　8. 人は お互い 愛し合わなくては ならない。

　9. けがは 医者に 診てもらわなければ ならない。

　10. 勉強も いいけど、たまには 休まなきゃ。

7-1. 今日は 早く 家に 帰ります。

　1. 休みの 日は たいてい 家で 休みます。

　2. 友だちと いっしょに 映画を 見ます。

　3. 高い 服は 着ません。

　4. 毎日 夜 12時ごろ 寝ます。

　5. 何の 料理を 作りますか。

　6. きれいに 掃除しましょう。

　7. コンサートの チケットを 予約しましょうか。

　8. 冬休みに 北海道へ 行きませんか。

9. そろそろ 仕事を 始めましょう。

10. いっしょに 踊りませんか。

7-2. 白い 雲を 見ながら あなたを 考える。

　1. 妹は 勉強しながら 音楽を 聞きます。

　2. 歌を 歌いながら 踊りを 踊る ことは 難しいです。

　3. 彼女は 授業中、となりの 人と しゃべり続けます。

　4. 学生たちは 一斉に 答えを 書きはじめました。

　5. やっと 退屈な 本を 読み終わりました。

　6. 明日 安部の 家へ 遊びに 行かない?

　7. 蟹は おいしいが 食べにくいです。

　8. 田舎は 交通が 不便で 暮らしにくくありませんか。

　9. この 本は 説明が 詳しくて 分かりやすいです。

10. 使い方が 簡単で 作りやすいですね。

8-1. お昼 いっしょに 食べる人 いる?

　1. 人を いじめる 行動は 止めましょう。

　2. 悲しい 思い出は 早く 忘れる 方が いいです。

　3. 私は 日本語で 手紙を 書く ことが できます。

　4. 今度の 試合で 彼に 勝つことが できると 思います。

　5. この 部分の 内容が よく 分かりません。

　6. 私は 海で 泳ぐ ことが できます。

　7. この 問題は 難しくて 解く ことが できません。

　8. もう 彼を 忘れるしか ありません。

　9. 真夜中には 外へ 出ない ほうが いいです。

10. 下手でも 続けるしか ないです。

8-2. ちりも 積もれば 山と なる。

  1. 日本語は ゆっくり 話せば 分かります。

  2. 眼鏡を かければ 小さい 字も 見えます。

  3. 1に 2を 足せば 3に なります。

  4. 春が 来れば 花が 咲きます。

  5. 親しければ 親しいほど、礼儀が 必要です。

  6. 雨が 降れば ピクニックは 取り消します。

  7. 日本語は 勉強すれば するほど 面白くなります。

  8. 彼は 料理も できれば 掃除も きれいに する。

  9. 部屋も 狭ければ 家賃も 高くて 暮らしにくいです。

  10. 寝れば 寝るほど もっと 疲れます。

9-1. タバコは さっさと 止めろ。

  1. 早く 起きろ。遅刻するよ。

  2. 汽車の 時間に 間に合わないよ。急げ。

  3. そんな 悪い いたずらは 止めろ。

  4. こちらへ ゆっくり 来い。

  5. もう 帰れ。

  6. 走れ、メロス。

  7. ちょっと 待て。

  8. 友だちと 遊ぶ 前に 宿題しろ。

  9. 勉強に しろ 恋愛に しろ、最善を 尽くせ。

  10. 待つに しろ 待たないに しろ、勝手に せよ。

9-2. 明日から 早く 起きよう。

  1. 日本人の 友だちと 付き合おう。

  2. 映画 見に 行こう。

3. 世界で 一番 おいしい パンを 作ろう。

4. 暑い。ビールでも 飲もう。

5. 日本語の 勉強を 始めよう。

6. 毎朝 1時間ぐらい 運動しよう。

7. 来週、日本語能力試験を 受けようと 思います。

8. 頭が 痛くて 今日は 仕事を 休もうと 思います。

9. 日頃 水を たくさん 飲もうと 思う。

10. 友だちと いっしょに 日本に 行こうと 思います。

10-1. 映画を 見てから コーヒーを 飲みました。

1. 彼女に 会ってから 彼の 考え方は 変わりました。

2. 家に 帰って お風呂に 入ってから 音楽を 聞きました。

3. 授業が 終わってから バイトに 行きます。

4. 準備運動を してから プールに 入ります。

5. 友だちの 話を 聞いて あの ケータイは 買いませんでした。

6. 病院に 行ってから 薬屋で 風邪薬を もらいました。

7. チケットを 買ってから 並びました。

8. 卒業して 就職しようと 思います。

9. 日本人は 茶碗を 手に 持って ご飯を 食べる。

10. 図書館に 行って レポートに 必要な 本を 借ります。

10-2. 片思いを した ことが ありますか。

1. 小さい 頃 この 町に 住んだ ことが ある。

2. 別れた 後も 彼を 忘れた ことは ありません。

3. 高校時代、日本語を 習った ことが あります。

4. 掃除を した 後、昼寝を した。

5. 日本語能力試験を 受けた ことが ありますか。

6. 母にだけ 知らせて 一人で 旅に 出た。

7. 子どもは ケンカしたり 仲直りしたり しながら 親しくなる。

8. 暇な 時は 本を 読んだり 音楽を 聞いたり します。

9. 弟は 勉強を したり しなかったり 自分勝手です。

10. お酒を 飲んだ 翌日は 頭が 痛かったり お腹を 壊したりします。

11-1. 窓を 開けても いいですか。

1. パーティーに 友だちを つれていっても いいですか。

2. まだ 時間は 十分です。急がなくても いいです。

3. ここに 車を 止めても いいですか。

4. 外見は 美しくなくても かまいません。中身が 大事です。

5. 気が 進まなければ 彼に 会わなくても いいです。

6. はんこが なければ サインしても かまいません。

7. 先に 帰っても いいですか。

8. 成績が よくなくても 大丈夫です。

9. 試験を 受ける 時 辞書を 引いても いいです。

10. テレビを 消しても いいですか。

11-2. ここに 車を 止めては ならない。

1. うそを ついては いけません。

2. 人に 迷惑を かけては なりません。

3. 一日中 遊んでは いけない。

4. プレゼントは 高くては いけません。

5. 動物を いじめては なりません。

6. シェフは 手が きれいではなければ ならない。

7. 寮は 学校から 近くなければ いけない。

8. 学生は いっしょうけんめい 勉強しなければ いけません。

9. 授業中は ケータイの 電源を 消さなければ ならない。

10. 遅れれば 必ず 先生に 連絡しなければ なりません。

12-1. 今日は 風邪で 学校を 休みました。

　　1. 彼は 事故で 軽い けがを しました。

　　2. マラソン大会で 現在 渋滞です。

　　3. あの コートは 高すぎて 諦めた。

　　4. 先生は やさしくて みんなに 人気が あります。

　　5. 忙しくて あなたに 会うことが できなくて 残念です。

　　6. この パンは おいしくて よく 買いに 来ます。

　　7. 豆腐は 豆で 作ります。

　　8. 久しぶりに いっしょに 公園へ 散歩に 行きませんか。

　　9. このごろの 風邪は なかなか 治らなくて 大変です。

　　10. 地震で 日本へ 旅行する 人が 減りました。

12-2. コーヒーは 熱いので ご注意ください。

　　1. 日本人と 自由に 話し合うために 日本語を 習う。

　　2. 彼女は きれいなせいで かえって 不幸に なりました。

　　3. 明日は 休みだから 朝寝坊を しても いい。

　　4. 目が 悪いので 眼鏡を かけます。

　　5. 夕べ 飲みすぎたので 頭が 痛い。

　　6. 好きだから 気に なるのは 当たり前だと 思います。

　　7. 今日は 用事が あって 忙しいから 今度 会いましょう。

　　8. 国の ために 犠牲した 方々を 覚えましょう。

　　9. まわりが うるさいせいで 勉強に 集中することが できません。

　　10. みんな 待っているので 急いで 出て ください。

13-1. 部屋の 窓が 開いています。

　　1. ドアに 鍵が かかっていますね。

2. 今 彼は 彼女に 電話を かけています。

3. 彼女の 部屋の 電気は 消えています。

4. 先生と 話している 学生は 誰ですか。

5. 私は 木村さんに 韓国語を 教えています。

6. 兄は 銀行に 勤めています。

7. 駅前に 高い ビルが 建っています。

8. 療の 門限は 12時に 決まっています。

9. 彼女は 10年も 日記を 書いています。

10. 彼は もう 来ているよ。あなたも 早く 来て。

13-2. かべに 日本の 地図が はってある。

1. ドアに 鍵が かけてありますね。

2. 壁に 彼女の 絵が はってあります。

3. テーブルの 上に チーズケーキが 置いてあるね。

4. 八百屋に 果物が 並べてある。

5. 彼は 広々としている 運動場で ジョギングを している。

6. 床に カーペットが 敷いてありました。

7. 私は 外見は 父に 似ているが、性格は 母に 似ている。

8. 道ばたで 子猫を 拾って 飼っています。

9. 友だちは 何よりも 絵の 才能が 優れています。

10. 今 玄関から 出ている 人が 森さんです。

14-1. 毎日 1時間ぐらい 運動するつもりです。

1. 今年の 秋、彼女と 結婚することに なりました。

2. まだ 時間が あるから もう 少し 待ってみるつもりです。

3. 卒業しても 先生に 連絡するつもりだ。

4. 雨で ピクニックは 延期することに なりました。

5. 予算が 足りなくて その 工事は やめることに しました。

6. 彼は まだ タバコを 止めるつもりはない。

7. 毎日 日記を つけることに しました。

8. 無くしたつもりで 彼に お金を 貸した。

9. 私は ラーメンに します。

10. やがて 二人は 仲直りすることに しました。

14-2. 明日は 雪が 降るかもしれない。

1. 今年の 冬は かなり 寒いだろう。

2. 今日は 金曜日だから 新村は とても 賑やかだろう。

3. 彼女が その 事実を 知っているはずが ありません。

4. 電気が ついている。部屋の 中に 誰か いるかもしれない。

5. 彼は きっと 日本に 住んだ ことが あるに ちがいない。

6. もう 帰っているはずなのに 弟の 姿が 見えません。

7. こんな いたずらを するのは たぶん あいつでしょう。

8. うそを つけば 母は きっと 怒るだろう。

9. おそらく 彼は 私に 会いに ここへ 来るはずです。

10. たぶん 他の 人に 違いない。 彼が 彼女に プロポーズするはずが ない。

15-1. 将来、先生に なりたいです。

1. 今日は 家で 音楽でも 聞きながら 休みたい。

2. 今年は マラソンに チャレンジして みたいです。

3. お金より あなたの 応援が ほしいです。

4. 冬休みに 日本へ 旅行したいです。

5. 雨 降らないかなあ。

6. いい 人に 出会いたいです。

7. 私は 通訳士に なりたいです。

8. 日本語の 作文で いい 成績が 取りたいです。

9. 彼に 私の 心を 伝えたかったです。

10. 今 何が 一番 ほしいですか。

15-2. 子どもは 甘い ものを 食べたがる。

1. 母は 休みの 時、日本の 温泉に 行きたがっている。

2. 友だちは 新しい ケータイを ほしがっています。

3. 彼女は 日本へ ウォーキングホリデーに 行きたがっています。

4. おばあさんは 静かな 町に 住みたがっています。

5. 弟は あなたに 会いたがっていません。

6. 彼女は あなたの プレゼントを ほしがっている。

7. 友だちは 警察官に なりたがっています。

8. ああ、彼が 私を 訪ねて 来ないものかな。

9. 今日は 彼女から 連絡が 来ないでしょうかな。

10. もっと 景気が よくならないものか。

16-1. 弟に 誕生日の プレゼントを あげる。

1. 兄が 私に お小遣いを くれました。

2. バレンタインデーに わたしは 彼に チョコを あげました。

3. 友だちは シズカに 韓国の お人形を 買ってあげた。

4. 彼が くれた プレゼントを 今も 大事に している。

5. 私は 友だちに 手作りの クッキーを あげました。

6. 彼は 私の ために 3時間も 待ってくれた。

7. 先生は 学生たちに サンドイッチを くださいました。

8. この 漫画 見たいと 言ったでしょう。君に あげる。

9. おじいさんが 私に おばあさんの 形見を くださいました。

10. 私が あげた 指輪を 彼は 無くしてしまった。

16-2. 私は 彼女に 手作りの ケーキを もらった。

1. 彼は バレンタインデーに チョコを もらいました。

2. 妹は 先生から もらった プレゼントを 自慢した。

3. 子どもは お母さんに 昔話の 本を 読んでもらった。

4. ① 友だちが 私を 病院へ つれていってくれた。

   ② 私は 友だちに 病院へ つれていってもらった。

5. ① 私は ゆうべ 弟の 宿題を 手伝ってあげた。

   ② 弟は ゆうべ 私に (自分の) 宿題を 手伝ってもらった。

6. 彼から はじめて もらった プレゼントを 今も 大事に している。

7. ① 先生は わたしの 行動を 誉めてくださいました。

   ② わたしは 先生に 行動を 誉めていただきました。

8. 韓国では 友だち同士は おごったり おごってもらったりします。

9. 弟は 先生に おもちゃを 買っていただきました。

10. 彼女は 彼に 家まで 送ってもらった。

17-1. 私が 戻るまで 待ってください。

1. 自分の 部屋は 自分で 片付けなさい。

2. 忙しくても 毎日 1時間ぐらい 散歩や 運動を しなさい。

3. 悪いけど 引っ越し ちょっと 手伝ってくれない?

4. 難しい 問題は 少し 教えてください。

5. すみません。少し 席を つめてくださいませんか。

6. 人に 迷惑を かける 行動は しないでください。

7. なるべく 早い うちに 私に 連絡くださいますよう お願いします。

8. もう 過去の ことで 苦しまないでください。

9. お父さん、今日は お母さんの 誕生日だから 早く 帰ってください。

10. 父母会に 出席してくださいますよう お願いします。

17-2. ぜひ 私を 信じていただきたい。

    1. いっしょうけんめい 努力してほしいですが。

    2. 両親には いつも 元気で いてほしいです。

    3. 私の 名前を 呼んでもらいたいです。

    4. いつまでも わたしを 覚えていただきたいです。

    5. すみませんが その 本を 渡してもらいたいですけど。

    6. 授業中に となりの 人と しゃべらないでほしいです。

    7. ここで 車を 止めてほしいです。

    8. すこし 急いでもらいたいですけど。

    9. 自分の 仕事に ベストを 尽くしていただきたいです。

    10. 子どもに 早く 寝てもらいたい。

18-1. 3月に なると 桜が 咲きはじめます。

    1. 朝 起きると 1時間ぐらい 運動します。

    2. 暗い ところで 本を 読むと 目が 悪くなります。

    3. 冷たい 飲み物を 飲みすぎると おなかを 壊します。

    4. 真面目じゃないと、成功しにくいでしょう。

    5. 桃アレルギーが あるので 桃を 食べると くしゃみを する。

    6. 分からなければ いつでも 聞いてみても かまいません。

    7. もう 少し ゆっくり 話せば 分かるけど。

    8. うわさを すれば 影が さす。

    9. 友だちが 新しい ケータイを 買えば 私も 買いたくなります。

    10. 眼鏡を かけないと 字が 見えません。

18-2. 夏休みに なったら 北海道へ 行きませんか。

    1. 風邪を ひいたら ゆっくり 休んだ 方が いいです。

    2. 先に 授業が 終わったら ここで 待ってください。

3. 朝 起きたら 庭に 雪が 積もっていた。

4. 温泉旅行なら やはり 日本が いいでしょう。

5. もし 宝くじに 当たったら 何が 買いたいですか。

6. 家に 着いたら 連絡してね。

7. バイトを 休みたいなら 1週間 前に 店長に 言わなければ ならない。

8. 彼女なら 最後まで 最善を つくすはずです。

9. 友だちと 遊ぶのなら その 前に 宿題を 済ましてください。

10. 宿題を 済ましたら ゲームを しても いい。

19-1. 明日は 雨が 降るそうです。

1. 来月から バス料金が 上がるそうです。

2. 高校時代、二人は とても 親しかったそうです。

3. 2011年、日本の 東北地方で 大きい 地震が あったそうだ。

4. 彼女は 魚料理が あまり 好きではないそうです。

5. 結婚するって。おめでとう。

6. 日本語は 勉強すれば するほど だんだん 面白くなるそうです。

7. 別れてからも 彼を 忘れた ことが なかったそうです。

8. 田中さんは 韓国の 辛い キムチも 好きだそうです。

9. 弟は 今日 早く 帰ると 言いました。

10. 先生は 授業に ついて 何と おっしゃいましたか。

19-2. この ケーキ、おいしそうですね。

1. 彼は 悲しそうな 顔を しています。

2. ポスターを 見ると この 映画 おもしろそうですね。

3. そうですか。私は あまり おもしろくなさそうですけど。

4. 作文の テスト むずかしそうです。

5. この かばんは 高そうではない。

6. 冬休みは バイトも あって 忙しそうです。

7. 鬼が 出そうな 家ですね。

8. 1時間ぐらいで 仕事が 終わりそうにない。

9. 空が 雨でも 降り出しそうに 曇っています。

10. 彼は 日本に 行きそうもないです。

20-1. 山内さんは 明日 日本へ 帰るようです。

1. 彼女は 何も 知らないようだ。

2. 最近は 小学生も 忙しいようです。

3. 彼とは どこかで 会った ことが あるようです。

4. 地面が 濡れているのを 見ると、雨が 降ったみたいです。

5. 二人は 結婚する ことに したようです。

6. 学生なら 学生らしく 行動するのが 望ましいでしょう。

7. 人々が 傘を さしていない ことを 見ると もう 雨が 止んだようだ。

8. うわさに よると 彼は もう 故郷へ 帰ったらしいです。

9. 病院へ お見舞いに 行きましたが 彼は もう 元気に なったようでした。

10. 眠そうな 目ですね。授業が 退屈な ようです。

20-2. あの 子は まるで 人形の ようです。

1. 赤ちゃんの 頬が まるで りんごの ように 赤いです。

2. 彼は 雲を つかむような 話ばかり しています。

3. 東京の ような 大都市は 物価が 高くて 暮らしにくいでしょう。

4. 弟も お姉さんのように すなおな 子どもです。

5. これからも 日本語が 上手に なるように がんばります。

6. テストの 日は 遅刻しないように 急いで 家を 出ます。

7. ここ 二三日、春の ように 暖かい 日が 続いています。

8. 遠くまで 聞こえるように 大きい 声で 言ってください。

9. 昨日 言ったように 今日は 30分間 単語の テストが あります。

10. 子どもの 頃 背が 伸びるように ミルクを たくさん 飲みました。

21-1. 私は 先生に ほめられた。

1. 子どもが 走ってきて 母親に 抱かれました。

2. 困っていた 時 彼に 助けられた。

3. 彼は 真面目な 人なので みんなに 認められています。

4. いじめられた つらい 経験は 一生 忘れにくい。

5. 彼は 学生に 尊敬される 先生です。

6. けがを した 人は 助けられて 病院に 運ばれました。

7. ゆうべ 友だちに 来られて 勉強が できませんでした。

8. 子どもの 頃 父に 死なれて 生活が 大変でした。

9. 子どもに 泣かれて どうしたら いいか 分かりませんでした。

10. わたしは 涼しい 風に 吹かれながら 丘の 上に 立っていた。

21-2. ほんとうに 信じられない 話ですね。

1. 疲れたので 朝 早く 起きられませんでした。

2. 私の アパートでは ペットが 飼えません。

3. 先生の お話が 忘れられません。

4. 風が 強すぎて 外へ 出られない。

5. 日本語で 自由に 話せるように なりました。

6. 会えたら もう 一度 彼に 会いたいです。

7. ケータイが 通じない ところなので 連絡できなかった。

8. ここなら ゆっくり 休めるようですね。

9. 歌える 日本の 歌、ありますか。

10. 道路が 1時間も 渋滞していたので 早く 来られなかった。

22-1. おじいさまは 今年 おいくつに なられますか。

    1. お父さんは どんな お仕事を されますか。

    2. 新車は いつ 買われましたか。

    3. 先生は 来週 彼に 会われます。

    4. 彼は 田中さんが 呼ばれました。

    5. 先生は もう 帰られました。

    6. ペットは 何を 飼われていますか。

    7. 先生は 学生の 質問に 詳しく 答えられました。

    8. 時間が ないので 急がれた ほうが いいと 思いますけど。

    9. 一日の うち いつ 散歩なさいますか。

    10. 何を 作られますか。

22-2. 彼には 余裕が 感じられます。

    1. この 質問に ついて どう 思われますか。

    2. 国の 母の ことが 案じられます。

    3. 昔 彼と 過ごした 時の ことが 思い出されます。

    4. 期末テストの 範囲が 広すぎると 思われますけど。

    5. 彼女の 勇気が 感じられる スピーチでした。

    6. そよ風に 春の 気配が 感じられます。

    7. 彼女は その 分野の 専門家と 考えられています。

    8. 年を とるほど 古里が 偲ばれる。

    9. まだ 幼い 子どもの 将来が 心配されます。

    10. 彼の 勇敢な 行動に みんな 感心された。

23-1. 先生が 学生に 漢字を 書かせます。

    1. 外で 子どもを 遊ばせる 場所が 少なくなりました。

    2. 娘に 毎日 日記を 書かせます。

3. お姉さんは 妹を 1時間も 待たせた。

4. 悲しい 歌は 私を 泣かせます。

5. 子どもを むりやりに 勉強させない ほうが いい。

6. 母は 弟を 塾に 通わせました。

7. 駅まで 迎えに 行かせますので 待ってください。

8. 会社の 係りの 者に ホテルの 予約を させておきます。

9. まず 簡単な 体操を させてから 走らせます。

10. 彼女を 喜ばせる ことなら 何でも します。

23-2. 1時間も 待たされて 疲れてしまった。

1. ① 母は 私に 毎日 野菜を 食べさせる。

② 私は 母に 毎日 野菜を 食べさせられる。

2. 不景気で 大勢の 人が 会社を やめさせられた。

3. ① 先生は 彼に くりかえして 答えさせた。

② 彼は 先生に くりかえして 答えさせられた。

4. 1時間ぐらい ゲームしたいです。ぜひ 遊ばせてください。

5. ① 人々は 私を 踊らせた。

② 私は 人々に 踊らせられた。

6. ① 母は 電車の 中で いつも 私を 立たせた。

② 私は 母に 電車の 中で いつも 立たされた。

7. ① 友だちは 私を ここへ 来させた。

② 私は 友だちに ここへ 来させられた。

8. ① お医者さんは お父さんに タバコを 止めさせた。

② お父さんは お医者さんに タバコを 止めさせられた。

9. 一言 言わせてください。

10. よろしければ これから 発表させていただきたいです。

24-1. あの 映画 ご覧に なりましたか。

 1. 休みの 日は 主に 何を なさいますか。

 2. この 件に ついて ご存じですか。

 3. 先生は 実力より 努力が 大事だと おっしゃいました。

 4. ご覧に なった 映画の なかで 一番 よかった 作品は 何ですか。

 5. お客さんが お見えに なりました。

 6. おじいさまは 今日、黒い スーツを お召しに なりました。

 7. 何時ごろ お休みに なりますか。

 8. 息子さんは 10時ごろ お宅へ お帰りに なりました。

 9. 明日の 朝 お電話ください。

 10. もう 大丈夫ですから、ご安心ください。

24-2. 明日 日本へ まいります。

 1. この 本は もう お読みしました。

 2. あのう、かさ お借りしたいですが。

 3. 部長の かばん、私が お持ちします。

 4. 昨日は 先生の お宅へ 伺いました。

 5. ごちそうを いただきました。

 6. 彼の 判断は 間違っていると 存じます。

 7. その 件に ついて 先生に 申しあげました。

 8. 昨日 林さんに お会いしました。

 9. ちょっと 拝見しても よろしいですか。

 10. 来年 日本へ まいりたいです。

이용미

· 한국외국어대학교 일본어과 및 동대학교 대학원 일본어과 졸업(석사)
· 일본 주오대학(中央大学) 국문과 박사과정 졸업(박사)
· 한국외국어대학교 일본연구소 연구원
· 명지전문대학 일본어과 교수(현)

저서
· 『오토기보코(역서)』세창출판사, 2013(한국연구재단 명저번역지정도서)
· 『에로티시즘으로 읽는 일본문화(공저)』제이앤씨, 2013
· 『오토기소시슈(역서)』제이앤씨, 2010(문광부 추천 우수도서)
· 『그로테스크로 읽는 일본문화(공저)』책세상, 2008(문광부 추천 우수도서)
· 『일본어 원서독해』제이앤씨, 2019

논문
· 오토기조시『슈텐동자(酒呑童子)』의 내러티브 고찰
· 『언어의 정원(言の葉の庭)』의 노벨라이즈 양상 연구
· 『날씨의 아이(天気の子)』의 내러티브 고찰
· 『너의 이름은(君の名は。)』에 나타난 젠더 시스템 고찰
· 영화에 드러난 여성원형의 표상과 젠더 외 다수

[개정판] 문형으로 익히는 일본어 작문

초 판 1쇄 발행	2019년 03월 01일
개정판 1쇄 발행	2025년 02월 28일

저 자	이 용 미
발 행 인	윤 석 현
발 행 처	제이앤씨
책임편집	최 인 노
등록번호	제7-220호

우편주소	서울시 도봉구 우이천로 353
대표전화	02) 992 / 3253
전 송	02) 991 / 1285
홈페이지	http://www.jncbms.co.kr
전자우편	jncbook@hanmail.net

ⓒ 이용미 2025 Printed in KOREA.

ISBN 979-11-5917-255-7 13730   정가 18,000원